W I Z A R D

プライスアクション短期売買法

価値領域、コントロールプライス、超過価格を見極めろ！

Exclusive Price Action Trading Approach to Financial Markets

by Laurentiu Damir

ロレンツィオ・ダミール［著］
長尾慎太郎［監修］
山下恵美子［訳］

Pan Rolling

Price Action Breakdown :
Exclusive Price Action Trading Approach to Financial Markets
by Laurentiu Damir

Japanese translation rights arranged with Laurentiu Damir
through Japan UNI Agency, Inc.

監修者まえがき

本書は、専業の個人投資家で多くの著作があるロレンツィオ・ダミールによる"Price Action Breakdown : Exclusive Price Action Trading Approach to Financial Markets"の邦訳で、テクニカル分析の一種であるプライスアクションを用いたトレードの解説書である。典型的なテクニカル分析本では、多くの指標を列挙して網羅的な解説が行われるのが普通であり、それが往々にして全体的な整合性の破綻につながるのに対し、ここでは「価値領域」「コントロールプライス」といった独特の概念を用いて著者の世界観を伝えている。これらは従来からあるテクニカル分析の言葉でも記述が可能なものではあるが、焦点を絞った説明によってテクニカル分析の初心者にとっては理解しやすいものになっている。実際、テクニカル分析で知っておくべきこととしては、これで十分なのではないかと思われる。

ところで、プライスアクションに限らず、一般的なテクニカル分析はあくまで主観に基づいたモノの見方であり、一種の宗教のようなものである。これらは科学的な検証もできないし、同じ状況を分析しても人の数だけ異なった解釈があり得る（さらに驚くことに、同じテクニカルアナリストが同じ状況を分析しても、時が違えば、まったく異なった解説をすることもある）。例外は、**『魔術師リンダ・ラリーの短期売買入門』**（パンローリング）に見られるような、すべての売買ルールを完全に検証可能な形で提示する新種のテクニカル分析であるが、逆にそれらの出現以降は、旧来のテクニカル分析は投資・トレード技術の体系としての役目を完全に終えたと言える。

さて、これら歴史的な変化をもって、現代におけるテクニカル分析の存在意義を疑う人もなかにはいるかもしれないが、本書に見られるような主観的なテクニカル分析は、語り手が自身でも十分に自覚できていない暗黙知に類するものを何とか他者に伝えようとして呻吟しながら表出化しようとした結果生まれたものであり、そもそも多くの矛盾が避けられない。したがって、その優劣や正否を議論するのはあまり意味がない。

むしろ、トレードを行う多くの人々が何の指針や拠り所も持たず、精神的な安定を欠くことによって近視眼的な行動を繰り返すなかにあって、テクニカル分析は、少なくともその教義を信じる者にとってトレードにおける悩みを解決し安心や幸福をもたらす効果を持つ。トレードや投資で損をする理由のかなりの割合は、技術や知識の不備ではなく、考え方や行動が支離滅裂であることに起因する。それゆえに著者の語る金融市場を分かりやすくデフォルメした物語は、いまだに信じる者や哲学を持たない人にとって大きな価値がある。現代におけるテクニカル分析は、私たちを真理へと導く魔法の杖というよりは、闇夜に灯った１本のロウソクなのである。

最後に、翻訳にあたっては以下の方々にお礼を申し上げたい。山下恵美子氏はわかりやすい翻訳を行っていただいた。そして阿部達郎氏には丁寧な編集・校正を行っていただいた。また、本書が発行される機会を得たのは、パンローリング社の後藤康徳社長のおかげである。

2018年３月

長尾慎太郎

目　次

第1章　はじめに

Introduction

私が本書を書いたわけ

今本書を手にしている読者は、私の以前の本も読んだことがあるのではないだろうか。数年前、私は自分のトレードアイデアと手法についての短編をたくさん書いた。

これらのｅブックは大成功だった。そのうちの１冊はこの分野で６カ月以上にわたってベストセラーになり、ほかのｅブックもそれに引けを取らないくらいよく売れた。

もちろん、これらの本には私への連絡先として私のｅメールアドレスを挙げておいた。この４年間は何も書いていないが、読者からは毎日のようにｅメールが届く。

読者からの要望で最も多いのは、プライスアクションについてもっと詳しく書いてほしい、私が使っているプライスアクションテクニックを徹底的に説明した本を書いてほしいというものである。その要望に応えるまでにはちょっと時間がかかったが、今、こうして読者の要望にお応えできる本を届けられることを私はうれしく思っている。

対象読者

本書の読者は、トレードしたい市場（銘柄）についての知識があることを前提としている。

したがって、読者が使っているトレードプラットフォームでの「トレードの仕掛け方」や「時間枠の変更方法」、さらに「レバレッジの掛け方」「先物とは何か」「どの銘柄をトレードするのが一番よいのか、そしてその理由」「通貨ペアとは何か、どんなペアをトレードするのが一番よいのか」といったことについては割愛した。

こうした基本的情報についてはインターネットで調べてもらいたい。おそらく私が説明するよりも分かりやすくまとめられた情報が入手できると思う。しかも無料で。

本書ではプライスアクションのみを使ったテクニカル分析に焦点を当てる。これまでに私の本を読んだことがある人は、私がただ書くためだけに書くことは好みではないことをご存知のはずだ。

ストーリーや不要な情報は一切含まず、核心に迫る書き方が私のスタイルだ。これは英語が私の母国語ではないことも１つの理由だが、こうした簡潔的な書き方のほうが読者の反応も良いようだ。

もちろん母国語で書くときもストーリーを語ったり、テーマから外れた話をするのは私の好みではない。

そういうわけで、トレード初心者の方は、あらかじめインターネットで、あなたがトレードしたいと思う市場についての基本的な知識を身につけてから本書を読むことをお勧めする。

また、あなたが使っているトレードプラットフォームについての基礎知識も必要だ。また本書は初心者だけでなく、良いトレーダーになるために苦労を惜しまない人にも向く。

また、分析が大好きで、うわべだけにとらわれないことも重要だ。トレードで常に利益を出すためにはハードワークが必要だ。大した努力もしないで一夜にして大金持ちになるような特別な方法を求めている人はがっかりするかもしれない。しかし、そんな方法などこの世に存在しない。

トップトレーダーになりたいのであればハードワークが必要で、情熱を持ってトレードに取り組む必要がある。このことについてはなるべく早く理解してもらいたい。魔法のインディケーター探しなんてやめよう。あなたのためにすべてのトレードをやってくれて、利益を稼ぎ出してくれるような自動化プログラム探しもやめよう。

本当に重要なことだけを考えよう。価格が生みだすあらゆる動きを解釈して、それらを組み合わせて最良の意思決定をすることが重要なのである。

もう１つ言い添えておきたいのは、時間枠についてである。本書で紹介する内容はどんな時間枠ででも使える。多忙なためにスイングトレードをやりたいという人は１時間足や４時間足を使えばよいだろう。時間的に余裕のある人は30分足や15分足を使ってもよいだろう。

ただし、５分足よりも短い時間枠を使うことはあまりお勧めしない。なぜなら、そういった短い時間枠では日々のノイズやランダムな動きにさらされることになり、そうなるとトレードではなくてギャンブルになってしまうからである。

本書を読まなければならないわけ

本書では、各章は前の章を理解したうえで次の章に進むことを前提としている。本書では概念、テクニック、トレードアイデアを徹底的に説明している。

その背景にあるロジック、目的、実際のトレードで各概念やテクニックがどう役立つのかについても徹底的に説明している。

目で見て理解するのが一番良い方法だと思うので、本書ではチャート例をたくさん使った。

本書のタイトルからも分かるように、本書はプライスアクションや値動き、これらの解釈方法、そしてこれらをまとめてトレードアイデアを構築する方法について書いたものである。

本書で学習するトレード手法は、あらゆる金融市場に適用することができる。なぜなら、本書ではテクニカルインディケーターは一切使っておらず、市場（銘柄）によって向いたり向かなかったりするツールも使っていないからである。

市場にはそれぞれ個性があるため、ある市場では効果的だが、ほかの市場では効果のない市場依存性の高いテクニカル分析テクニックも使っていない。私の書いた以前の本を読んだことがある人なら、トレードでテクニカルインディケーターを使うことは勧めていないことはご存知のはずだ。テクニカルインディケーターは過去のプライスアクションの上に成り立つものだからである。

テクニカルインディケーターはすべて遅行指標だ。最も優れたインディケーターは生の値動きを分析するあなたの脳である。だからと言って、インディケーターを使ったトレードでは利益を上げられないという意味ではない。しかし、私の経験から言えば、インディケーターを使って常に利益を上げることはできない。市場の動きによって儲かるときもあれば、損をするときもある。

ある程度トレード経験があり、人気のテクニカルインディケーターを使ったことがある人なら私の言っていることが理解できるはずだ。

私のトレードアプローチは価格を上げ下げする根底にある力を分析するというものである。根底にある力とは、需要と供給、そして群衆行動である。本書では、あなたの目の前にあるインディケーターなどを加えていないチャートからプライスアクションを読み取り、買い手と売り手が今何をしているのか、そして彼らの次なる動きはどうなるのかを読み解くテクニックに主眼を置く。どの金融市場の値動きにも共通する特徴がある。それが群衆行動だ。

「群衆」とは買う人と売る人のことを言う。チャート上の値動きは売りプロセスと買いプロセスから生みだされるものだ。売買する人のことをトレーダーと言うが、彼らはトレーダーである前に感情を持つ人間である。彼らが売買するときには必ず似たような行動を示すが、それは感情の現れである。

それはそれとして、本書で学習するテクニックは電子取引されているどの金融商品ででも使うことができる。株式市場だろうと、FX市場だろうと、先物、コモディティ、指数、オプション、債券、CFD（差金決済取引）、ETF（上場投資信託）だろうと、本書のテクニックは、あらゆる感情を持ったあなたや私のような人々に取引されている市場なら、どんな市場ででも機能する。

なぜなら、人々の恐怖や貪欲によって、こうした市場は予測可能なパターンで動くからである。

したがって本書を読む理由の１つは、プライスアクションを読み取って解釈することであり、どの市場でも効果的にトレードできるようにするためである。もう１つの理由は、おそらくこちらのほうが重要だが、プライスアクションテクニックそのものを学ぶためである。これまでにプライスアクショントレードの本を読んだことがあるのであれば、ローソク足、一定の価格帯のリジェクトを示すローソクのヒゲ（影、芯）、カラカサ（ハンマー）、明けの明星（モーニングスター）といったローソク足のパターン、ダブルトップ、ヘッド・アンド・ショルダーズ、フラッグといった継続や反転を示す価格パターンが登場したはずだ。

しかし、本書にはそういったたぐいのものは一切出てこない。市場を読むのに使うこうしたプライスアクションテクニックについては、以前の私の本にすでに書いている。本書はコアとなるプライスアクションの概念と戦略にのみ焦点を当てている。こうした概念や戦略は、まったくとは言わないまでも、ほかで見つけるのは難しいだろう。本書に登場するプライスアクションの概念やテクニックは、私のこれまでのトレードの経験から導き出されたものである。

私はこれまで数多くのトレード本を読んできたし、長い間、毎日市場を見続けてきた。こうした経験を通じて、トレードに関する一般的な概念を導き出し、手直しして、検証し、また手直ししてを繰り返すことでトレードに使える概念が生まれた。私と同じ本を読んだ人がまったく同じ解釈にたどり着き、その結果として私のアプローチに似たアプローチを開発するということもあり得ない話ではないが、そういった可能性は限りなくゼロに近い。それは本書を読むと分かるはずだ。

本書を読むとあなたのトレードはどう改善されるのか

本書は、支持線や抵抗線にあるトライアングル、フラッグや、カラカサといったローソク足パターンや価格パターンを使ってプライスアクションの上っ面だけを分析しようというものではない。

前にも言ったように、このタイプのプライスアクションについては以前の本で解説している。だからと言って、こうしたタイプのプライスアクションテクニックが無効と言っているわけではない。無効どころか、こうしたタイプのアプローチも有効だ。しかし、本書はプライスアクションをもっと掘り下げて分析したものであり、正しく学んで正しく使えばもっと信頼の置ける価値あるツールになる。本書は一般に純粋なプライスアクショントレードと呼ばれているものについて書かれたものだ。

このテクニックは正しく学んで正しく使えば、市場の動きを違った視点で見ることができるようになる。市場の構造を明確に把握できるようになることで、意思決定プロセスも向上する。私は「聖杯」といった言葉は使わないので、本書のトレードテクニックを記述する言葉として聖杯という言葉を使うことは避けたい。本書があなたのトレードにどのくらい役立つかは、本書を読んで実践に使ったあとで判断してもらいたい。

本書にはいろいろな概念が登場する。公正価格領域、価値領域、コントロールプライス、移動する価値領域、需要と供給の重要な水準、市場の均衡状態と不均衡状態、応答的・主導的な値動き、超過価格、市場を動かす長期トレーダーの足跡を見つけるなど、ほかにもたくさんある。

また新たなプライスアクションのアイデアもいくつか登場する。これらのアイデアを使えば値動きをもっと体系的に見ることができるようになるだけでなく、価格はどのように動くのか、それはなぜなのかを明確に理解することができるようにもなる。さらにこれらの知識を実際のトレードにどう使えばよいのかもチャート例で示していく。

またトレードアイデアと新たな概念を日々のトレードに取り入れる方法を完全なトレードプランとして示していくので、市場を分析し、それを解釈して、トレードのセットアップを見つけて実行するという一連の流れを理解することができる。

これで本書の紹介は終了だ。それでは本編へと進むことにしよう。

第2章　価格の公正価値

Fair Value Of Price

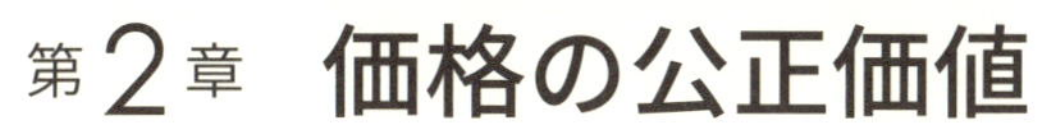

本書に登場するプライスアクションの概念やアイデアは、市場を分析するマーケットプロファイルテクニックからある程度ヒントを得たものである。「ある程度」と言ったのは、本書の概念やアイデアはマーケットプロファイル手法とはまったく別物だからである。

マーケットプロファイルテクニックについては私も何年にもわたってかなり研究したが、実際にはこの方法を使ってトレードをしたことはない。確かにマーケットプロファイルは堅実なアイデアだが、実用性に欠けているのだ。そこで私はこの手法のなかから堅実なアイデアだと思えるものを抜き出して、それに私独自のアイデアを追加し、それを基盤として独自のテクニックを開発した。結果的には本書のテクニックはマーケットプロファイルテクニックとはほとんど関連のないものになっている。

市場というものは本質的にはトレードを促進するために構築されたものである。あなたのトレードプラットフォームのチャートに見られるプライスアクションは、市場のこの主要な目的の結果を示したものである。簡単に言えば、あなたがチャート上で見ているものは需要と供給の原理の結果として現れたものなのである。別の言い方をすれば、需要が供給を上回ると、買い手の出来高のほうが売り手の出来高よりも多くなり、価格は上昇する。

逆に供給が需要を上回ると、売り手の出来高のほうが買い手の出来高よりも多くなり、価格は下落する。また需要と供給が拮抗すると、価格の方向性はなくなり、アキュミュレーション（買い集め）が始まるか、あるいは保ち合い状態になり、私が「価格の公正価値」――その証券のファンダメンタルズを考えたときに、買い手と売り手がその証券が正しく価格付けされていることで同意する領域――と呼ぶものが形成される。

図1は断片的なチャートだが、ここに示したものを実際のトレードでどう利用するかについては、心配は無用だ。あとで議論するときに

図1　トレードの促進に使われるマーケットフェーズ

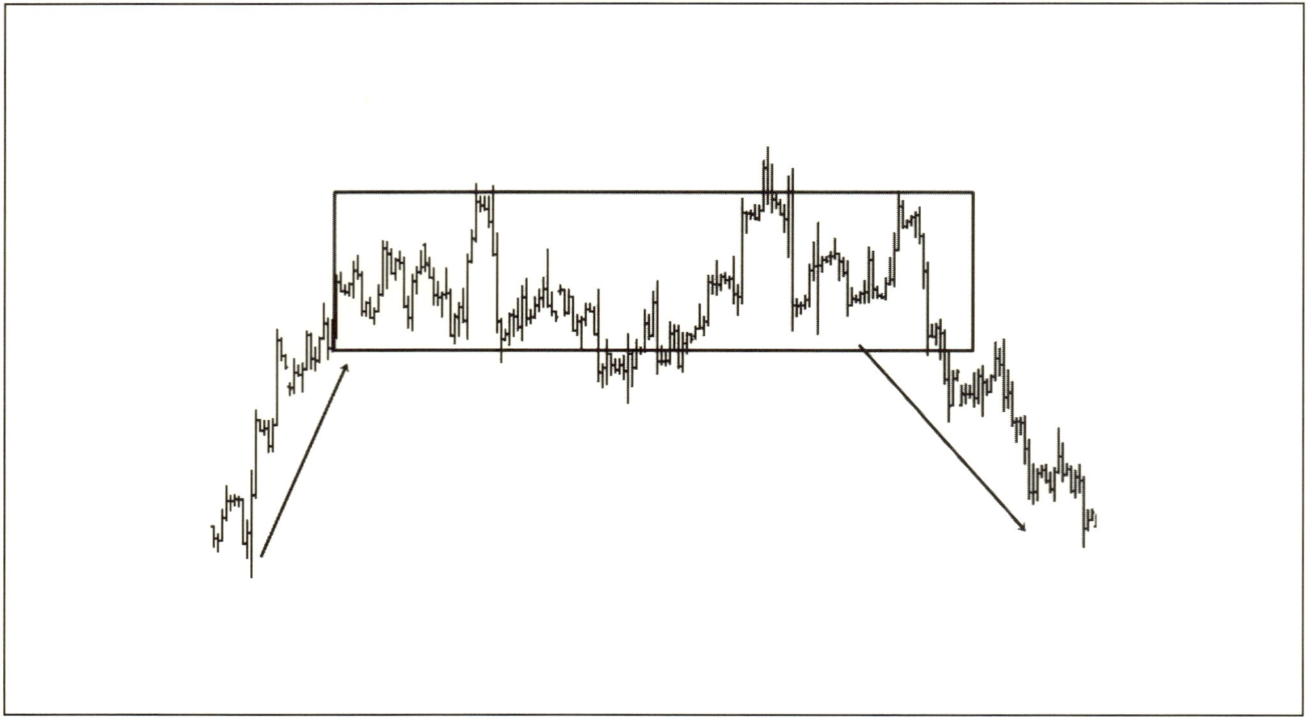

完全チャートがたくさん出てくる。チャートは価格軸と時間軸からなり、その値動きを生みだした金融商品の名前が付けられる。

この時点では、市場構造と公正価値領域の概念について説明するだけなので、無関係な情報の含まれていない**図1**のようなチャートを使った。

図1のチャートは需要と供給が値動きとしてどう表されているかを示したものだ。チャートの左側の上向きの矢印で表された最初の上昇の動きは、その証券の需要が供給を上回っていることを示している。実用的な言い方をすれば、買い注文が売り注文よりも多いということになり、そのため価格は上昇している。

この理由とは無関係に、そのとき売り手は市場に参入する確信が持てなかった。おそらくこの証券の価格は最新のファンダメンタルなニュースから評価した彼らの価格に一致しなかったのだろう。彼らはもっと高く評価されるべきだと思っていたに違いない。彼らが市場に参入するのはこの証券の価格がもっと上昇してからであり、そのときに供給が生まれる。彼らが市場に参入したのは、価格が長方形で囲まれた領域に入ってからである。彼らが市場に参入したため供給が増え、価格は上昇しなくなる。価格が横ばい状態のこの領域は市場が均衡状態にあることを示している。

つまり、供給と需要が拮抗しているということである。このとき「市場は買い手・売り手間の取引を円滑にするという目的を果たした」ことになる。買い手と売り手はこの価格帯はこの証券にとっての公正価格であることで意見が一致し、買い手も売り手も価格をつり上げたり、つり下げたりすることに興味はなくなる。彼らは、価格がこの領域にとどまっていることに満足し、買い手は価格がこの領域の下の境界よりも下がらないようにするためにのみ市場に参入し、売り手は価格がこの領域の上の境界を上回ったときに価格をこの領域内に下げるためにのみ市場に参入する。

この時点では以下のことを理解することが重要だ――こういった振る舞いをする買い手や売り手はあなたや私のような個人トレーダーではない。どういった市場でも２つのタイプのトレーダーが存在する。短期トレーダーと長期トレーダーだ。短期トレーダーは主にあなたや私のような個人トレーダーだ。短期トレーダーがトレードするときに考えることは１つしかない。彼らは投機目的にトレードするのである。私たちは短い時間枠を基にトレードの意思決定を行い、週ごとのトレンドや月ごとのトレンドは気にしない。トレードの意思決定をするとき、株式や通貨ペアのファンダメンタルズも考えない。

私たちはニュースを読み、重要なニュースが出たときにトレードをしないときもあれば、ニュースでトレードをしようとすることもある。私たちはニュースを投機目的で使う。だから、ニュースが出たときにはトレードしない。しかし、ファンダメンタルなニュースが私たちのトレードに及ぼす影響はここで終了すると言っても間違いはないだろう。私たちはニュースを聞いてトレードの意思決定をすることはない。私たちが興味があるのは、市場の不均衡から利益を稼ぎ出すことだけである。私たちはテクニカルな視点から市場を分析して、確実なトレード機会を見つける。機会が現れるのを辛抱強く待ち、機会が現れたら行動を起こし、願わくば小利を得て手仕舞いする。これを繰り返す。

１つや２つの市場（銘柄）の全体的な健全性をなぜ気にする必要があるだろうか。私たちはポジションを１年間も持ち続けるわけではない。ユーロが３カ月後に大暴落しようと、あなたや私のような個人トレーダーにとってはどうでもよいことだ。ユーロが暴落？　それがどうしたっていうのか。そんなことは私たちのトレードには一切影響しない。ユーロに長期投資はしていないのだから。ユーロが上がろうと下がろうと、私には一切関係ないし、直接的な影響はまったくない。私の仕事はその下落によって生じる値動きを利用するだけである。ほかの通貨と比べてユーロの全体的な健全性はどうなのかや、それから予測される経済的な影響など考えることなく、ユーロをできるだけ頻繁にトレードするだけである。

短期トレーダーの対極にあるのが長期トレーダーである。彼らはユーロの健全性を気にする。なぜなら、彼らはユーロの長期ポジションを持っているからだ。この長期トレーダーは莫大な資本を自由自在に使うことができる投資ファンドだ。彼らは資本を毎月少しずつ増やして顧客を満足させるために、これぞというものがあれば長期ベースで投資する。

あなたや私とは違って、彼らの取引量は莫大だ。ユーロが下落すれば、それは損失に直結するため、ユーロが下落すればすぐにユーロを売ってポジションを閉じる。おそらく彼らはユーロを売った資金を金に投資し、ユーロ市場が安定するのを待つだろう。ユーロ市場が安定したら、金のポジションを一部か全部閉じて、今度は前よりもはるかに安値で再びユーロを買う。長期トレーダーには銀行や大手金融機関も多い。彼らは大量に取引するので市場を動かすだけの力がある。彼らは市場をファンダメンタルの視点に立って分析し、その分析に基づいてポジションを調整する。彼らはリスクを最小にしリターンを最大にするように投資資本を配分する。

彼らが興味があるのは市場の全体的な状況である。なぜなら彼らは最前線にいるわけであり、彼らの資本はリスクにさらされているからだ。常に市場を俯瞰していなければ、すぐに損失につながる。市場の全体像を把握するために、彼らは長い時間枠で考えるのだ。

短期トレーダーと長期トレーダーについて、以上の説明を読んだあとに、再び、**図1**のチャートを見てみよう。このチャートからはどういった振る舞いが見えてくるだろうか。価格を上げ下げする力を持つのは長期トレーダーであり、価格を横ばいに保つ力を持つのも長期トレーダーである。彼らの取引量ははんぱじゃなく大きい。市場を上げ下げするのは取引量なのである。私たちがちょっとばかりトレードしたところで、値動きに影響を及ぼすことなど絶対にない。

図1のチャート上の値動きに関連付けると、チャートの左側では長期トレーダーは価格はもう少し高くなるべきだと判断した。長期の買い手が市場に参入することで需要が生まれた。この間、長期の売り手はサイドラインから状況をじっと見ていた。彼らが市場に参入するのは、彼らにとってもっと有利な価格で売れるときだけである。高く売れないときに市場に参入する必要があるだろうか。売り手は買い手と同じニュースを読み、買い手と同じファンダメンタル分析を行っている。

そして、売り手と買い手は、価格はもう少し上がってもよいのではないかということで同意する。こうした振る舞いが、あなたがチャート上で見ている値動きを生みだすのである。これから本書で買い手や売り手の振る舞いの話が出てきたときは、それは長期トレーダーについての話だと思ってほしい。市場を動かすのは彼らなのである。したがって、彼らの振る舞いを研究し、彼らのアクションによって価格がどう動くのかを観察し、彼らがやっていることをフォローする、つまり彼らと同じボートに乗るための概念、ルール、戦略を作るのはまったく理にかなったことなのである。

私たちがやるべきことは、「彼らの足跡を見つけて、それに付いていく」ことである。これがこれから本書で紹介するプライスアクションの概念と戦略の背景にある考え方である。

本章は特に**図1**に示したような値動きを中心に話を進めていく。**図1**では特に長方形で囲まれた部分が重要だ。なぜならこの領域は価格の公正価値というものが生まれる場所だからである。公正価値領域が何なのかやそれを正しく引く方法、そしてトレードの意思決定をするうえでそれがどれほどの知見を与えてくれるのかについてはこのあと説明する。

それでは再び**図1**を見てみよう。価格がしばらくの間、横ばい状態を続けたあと、最終的には下方にブレイクしている（チャートの右側の下向きの矢印で示した部分）。これは供給が需要を上回り、価格が下落したために、買い手・売り手間のトレードを促進するために買い手を探している状態である。価格は需要が満たされるまで、言い換えれば、買い手の意欲が誘発されて需要が高まるまで下落し続ける。

公正価値領域とは何か

上記の話から推測されるように、公正価値領域とは、価格が長い時間とどまる領域で、供給と需要が拮抗し、買い手と売り手の両方が彼らの今の期待に一致すると思う価格帯のことを言う。彼らは価格がこの水準にあることに満足し、それを現時点での「公正価格」とみなす。百聞は一見にしかずと言う言葉があるが、まったくもってそのとおりである。

図1のチャートの公正価値領域を示すと**図2**のようになる。

図2の２本の水平線に囲まれた価格帯が公正価値領域である。これ以降、公正価値領域については頻繁に議論することになるので、この領域は単に「価値領域」と呼ぶことにする。この領域を正しく見分けることができるようになり、その本当の意味や重要性が分かっていれば、呼び名なんてそれほど重要なことではない。

ところで、私は「境界線はどのようにして決めたのだろうか」。

図を見ると分かるように、価格は上の境界を３回上抜き、下の境界を２回下抜いているが、価格が上抜いたところや下抜いたところにはそれほど長くとどまっておらず、それらの水準を試しているだけである。下の境界を下抜くと需要を見つけてすぐにこの価値領域まで上昇し、また上の境界を上抜くと供給を見つけてすぐにこの価値領域まで下落する。この領域はトレードの大半が行われる場所だ。価格が価値領域から少しの時間だけ逸脱して、すぐに領域内に引き戻されるとき、

図2　公正価格領域の上と下の境界

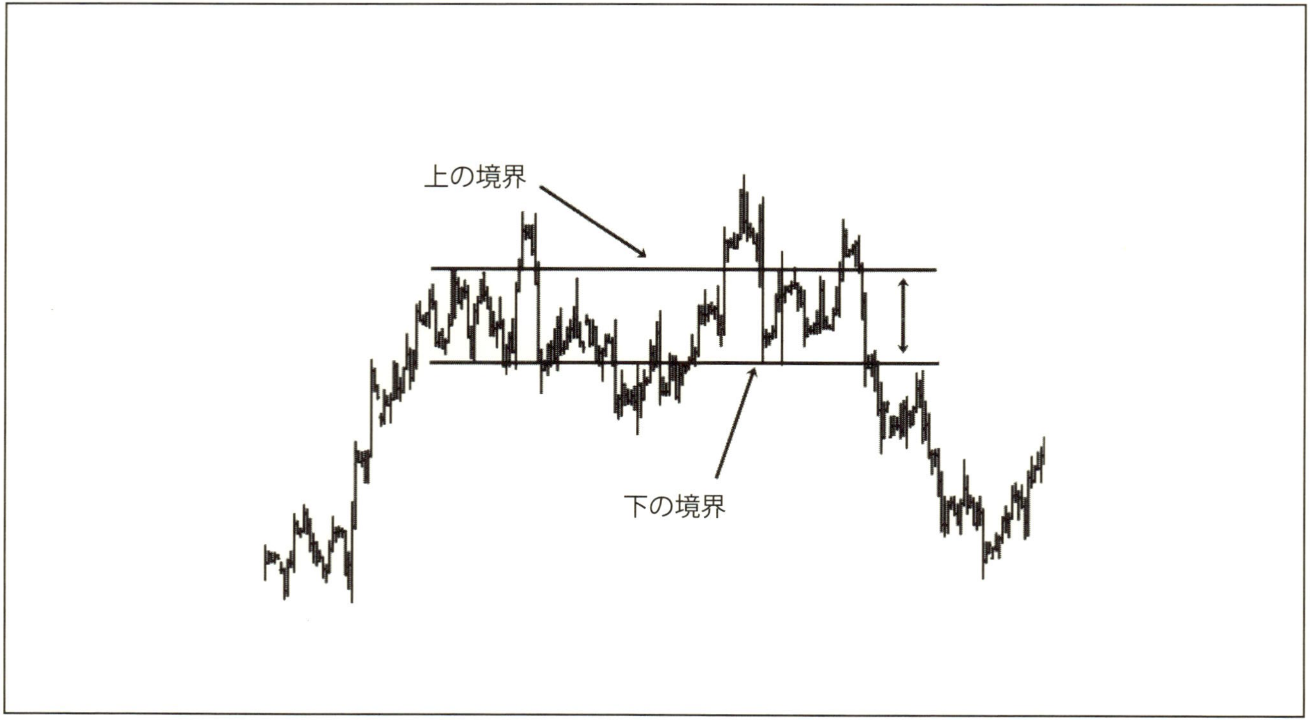

短い時間だけ逸脱したところを「超過価格」と言う。超過価格についてはこのあと詳しく説明する。

このタイプのトレードは、自由裁量的要素が非常に強い。チャート上で価値領域を正しく見分けられるようになるには訓練が必要だ。でも、それほど難しいことではないので心配は無用だ。必要なのはチャートをたくさん見ることである。そうすればこの領域は簡単に見つけることができるようになる。価値領域の境界を決めるときに覚えておいてもらいたいことが1つある。それは境界は厳密に線引きできるものではないということである。上の境界や下の境界は厳密な線というよりも、価格帯または価格ゾーンと考えてもらいたい。境界は必ずしも線である必要はなく、価値領域を含むような長方形で示すこともできる。価値領域は数学のように厳密に画定できるものではない。価値領域を見つけるときは、値動きに注意して、トレードの大半が発生する領域を見つける。それが価値領域になる。

図3のチャートを見てみよう。チャートから時間を除いて価格だけをプロットすると、空白スペースがほとんどなく、価格が狭い領域にびっしりと詰まっているのに気づくはずだ。長方形で囲んだ価格帯は、詰め物がぎっしり詰まった大きな箱のように見える。それはトレード活動が活発に行われている証拠である。①と②の価格帯は細長い。なぜならこれらの価格帯ではトレード活動があまり活発に行われていないからだ。長方形で囲まれた価格帯内の値動きに注目しよう。これらの値動きは同じ価格帯の上と下を行ったり来たりして上下動を繰り返している。

こうした動きが価値領域を生成するのである。買い手も売り手もこの価格帯は、今のところはこの証券の公正価値であると思っている。

将来的に何らかのファンダメンタル的な動きがあって現状を変えるまで彼らはこの公正価値に満足する。

価値領域の別の例を見てみよう。**図4**はGBP/USDチャートだ。価

図３　価値領域はトレードの多くが行われる領域

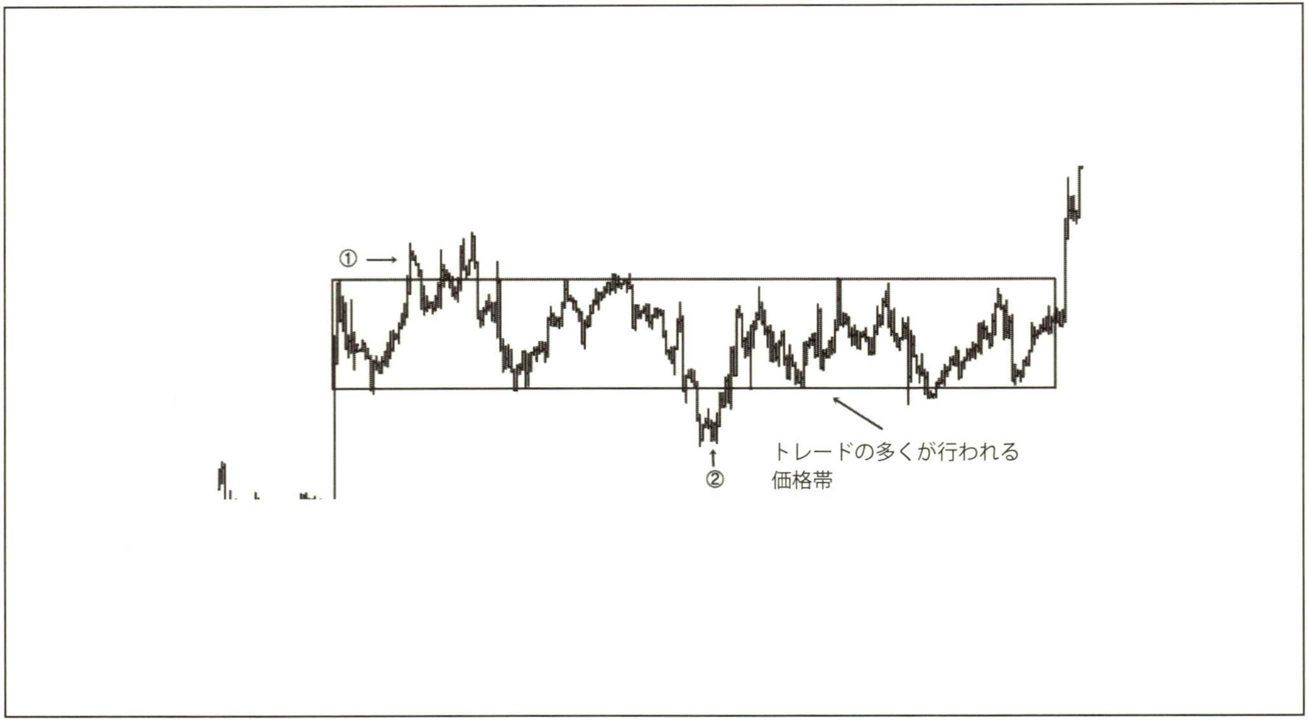

図４　価値領域の例

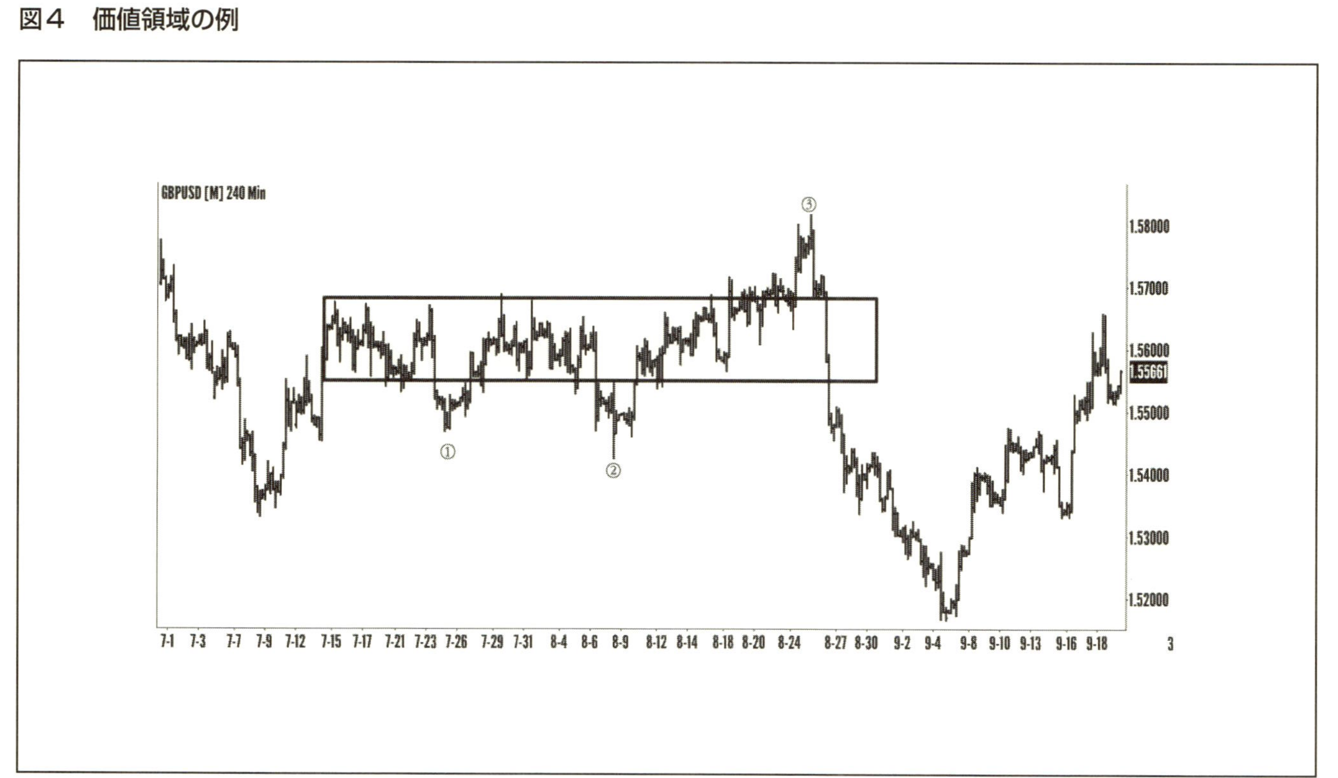
GBPUSD [M] 240 Min
1.58000
1.57000
1.56000
1.55661
1.55000
1.54000
1.53000
1.52000
7-1
7-3
7-7
7-9
7-12
7-15
7-17
7-21
7-23
7-26
7-29
7-31
8-4
8-6
8-9
8-12
8-14
8-18
8-20
8-24
8-27
8-30
9-2
9-4
9-8
9-10
9-13
9-16
9-18
3
①
②
③

値領域の境界をどこに引いたかに注目してもらいたい。価値領域を見極めて、その境界に線を引くときには上下にできるだけ空白スペースを含まないようにしよう。価値領域を下抜いた①と②の値動きに注目してもらいたい。これらの値動きの左側にも右側にも大きなギャップがある。つまり、価格がこれらの価格帯にいた時間は極めて短かったということである。価値領域の上の③の値動きについても同じことが言える。

これら３つの値動きはすべて超過価格である。長期の買い手と長期の売り手とのコンセンサスによって一定の価格帯が価値領域になり、価値領域を上抜いたり下抜いたりした①②③の値動きは、彼らのコンセンサスが得られなかったということになる。①と②では、買い手が市場に参入して、トレードの多くが発生する価値領域――長方形の内側――にまで価格を引き上げた。逆に③では、売り手が市場に参入して価格を価値領域内に引き下げた。

これが彼らのやり方だ。彼らは、彼らが公正価格と考える価格よりも安値で買いたいし、その価格よりも高値で売りたいと思っている。価格が価値領域を上回って上昇すると、それは長期の売り手にとっての売り機会となり、価格が価値領域を下回って下落すると、それは長期の買い手にとっての買い機会となる。

図５の例を見てみよう。価格は１つの価値領域から別の価値領域に動いているのが分かる。市場は買い手・売り手間のトレードを促進する役割をしっかり果たしている。供給が需要を上回ると、価格は下落して買い手・売り手間の均衡状態を見つけようとするため、価値領域が生まれる。このプロセスは、状況が変わり、チャートの終盤で買い手が市場を支配するまで続く。それぞれの価値領域のサイズの違いにも注目しよう。トレードのほかの概念と同じように、価値領域はサイズが大きいほど重要性を増す。これについてはのちほど議論する。

ある価値領域が前の価値領域の上に形成される場合もある。**図６**の

図5　価値領域の例

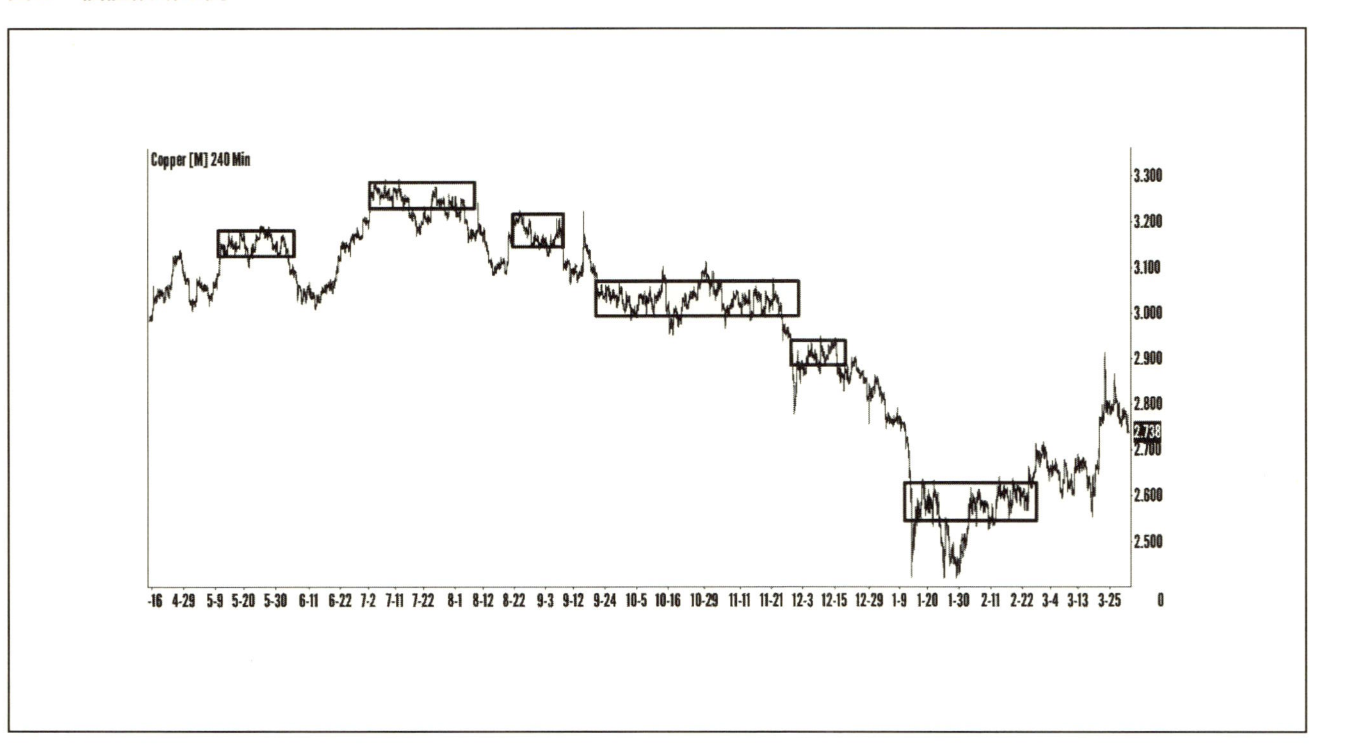
Copper [M] 240 Min
3.300
3.200
3.100
3.000
2.900
2.800
2.738
2.700
2.600
2.500
0
-16 4-29 5-9 5-20 5-30 6-11 6-22 7-2 7-11 7-22 8-1 8-12 8-22 9-3 9-12 9-24 10-5 10-16 10-29 11-11 11-21 12-3 12-15 12-29 1-9 1-20 1-30 2-11 2-22 3-4 3-13 3-25

図６　価値領域の上に別の価値領域が形成される

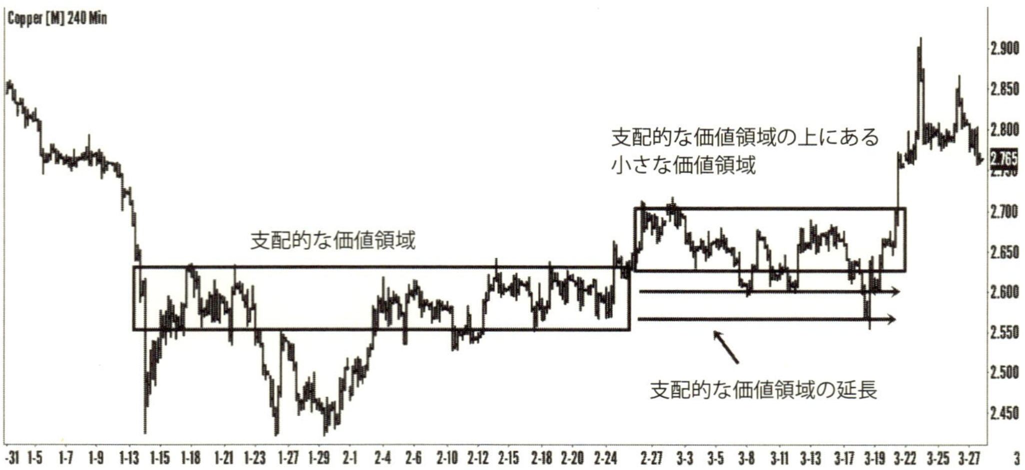

左側の大きな長方形は、このチャートで示した価格帯での大きな価値領域を示している。このより大きな支配的な価値領域の右側にある２本の長い矢印の水平線は、この支配的な価値領域の延長を示している。これらの価値領域の縄張りがどのようになるかはのちほど見ていく。価格がより大きな支配的な価値領域から上昇し始めているが、これは最初は超過価格で終わるように見える。もしそれが超過価格で終わるなら、価格は短時間だけそこにとどまったあと、価値領域に戻ってきたはずである。

しかし、価格は価値領域には引き戻されず、小さな上下動を繰り返しながら、より大きな支配的な価値領域の上のスペースを埋め始めている。このとき、支配的な価値領域の上の境界はこの価格帯の支持線になる。そして、支配的な価値領域の上に小さな価値領域が新たに形成される。これについては価値領域の移動のところで詳しく説明する。今のところはチャート上で価値領域を見つけることに集中しよう。

逆に、支配的な価値領域の下に別の小さな価値領域が形成されることもある。この場合、支配的な価値領域の下の境界がこの価格帯の抵抗線になる。支配的な価値領域の下の境界付近には、価格を支配的な価値領域にまで上昇させて超過価格を形成するほどの需要はなく、価格は支配的な価値領域の下にとどまり、小さな上下動を繰り返しながら別の小さな価値領域を形成する。それが**図７**の右下の小さな長方形である。最終的には、価格は十分な需要を見つけて支配的な価値領域の水準まで上昇した。

ここで興味深いのは、価格が支配的な価値領域の上の境界まで一気に上昇し、そこで多くの売り注文が執行されて供給が増えると、再び急落したという点である。こうした値動きは、チャート上ではよく目にする。価値領域の相互作用と、それをどう利用すればよいのかについてはのちほど議論する。

図８は市場のオークションプロセスによって価値領域が次々と形成

図7　支配的な価値領域の下に別の価値領域が形成される

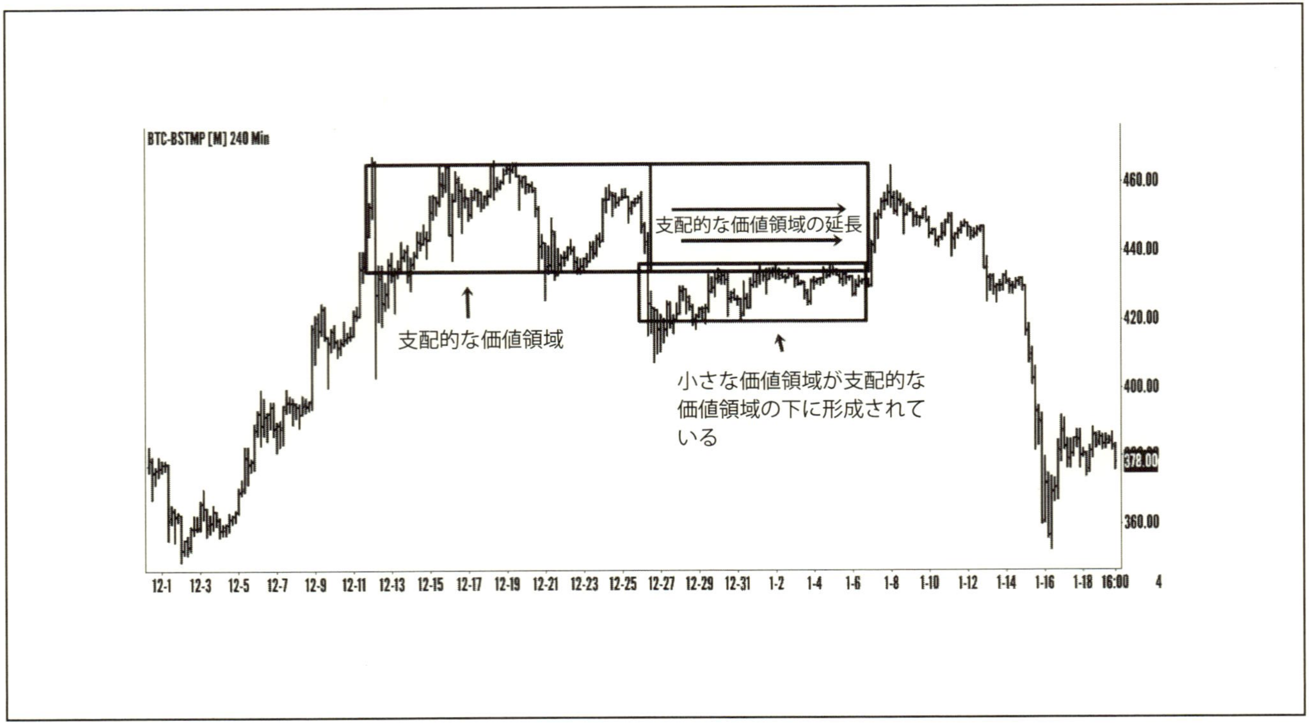

された様子を示したものだ。図の長方形で囲んだ部分が価値領域である。サイズの大小はあるものの、これらはすべて価値領域だ。市場は、供給と需要の間で均衡状態と不均衡状態を繰り返しながら動いている。価格が価値領域にあるときは、市場は均衡状態にある。つまり、供給と需要がほぼ拮抗し、買い手も売り手もその領域でトレードすることに満足している。価格が価値領域にないとき、価値領域を探し求めながら上昇していく。これは需要が供給を上回っている状態で、市場は売り手を見つけるまで上昇し続ける。これは１つの市場構造を示している。このあと価値領域の移動について議論するが、市場構造についてはそこで完全に理解できるはずだ。

「先に進む前に、本書を閉じてあなたのトレードプラットフォームを開こう。チャートを開いて好きにスクロールして、そのチャートの価値領域を１つひとつ確認してみよう。これは練習あるのみだ。一目見ただけで価値領域を認識できるようになるまで練習を続けよう。それほど長くはかからないはずだ」

価値領域を見つけるためのガイドライン

●トレードが集中的に発生している領域に注目する。
●その領域の上下にあるトレードがあまり活発でない領域に注目する。それが超過価格だ。
●価値領域と超過価格を正しく区別するためには、垂直方向にできるだけ空白スペースを残さないようにしよう。
●同じ価格帯で価格が上下動を繰り返す領域が価値領域である。
●水平方向の時間軸は無視しよう。すると、値動きの間の空白スペースはなくなる。これらの値動きはバルジ（突出部）を形成する。それが価値領域である。価値領域の上下にあるトレード量が少ないと

図８　価格が１つの価値領域から別の価値領域へと次々に上昇している

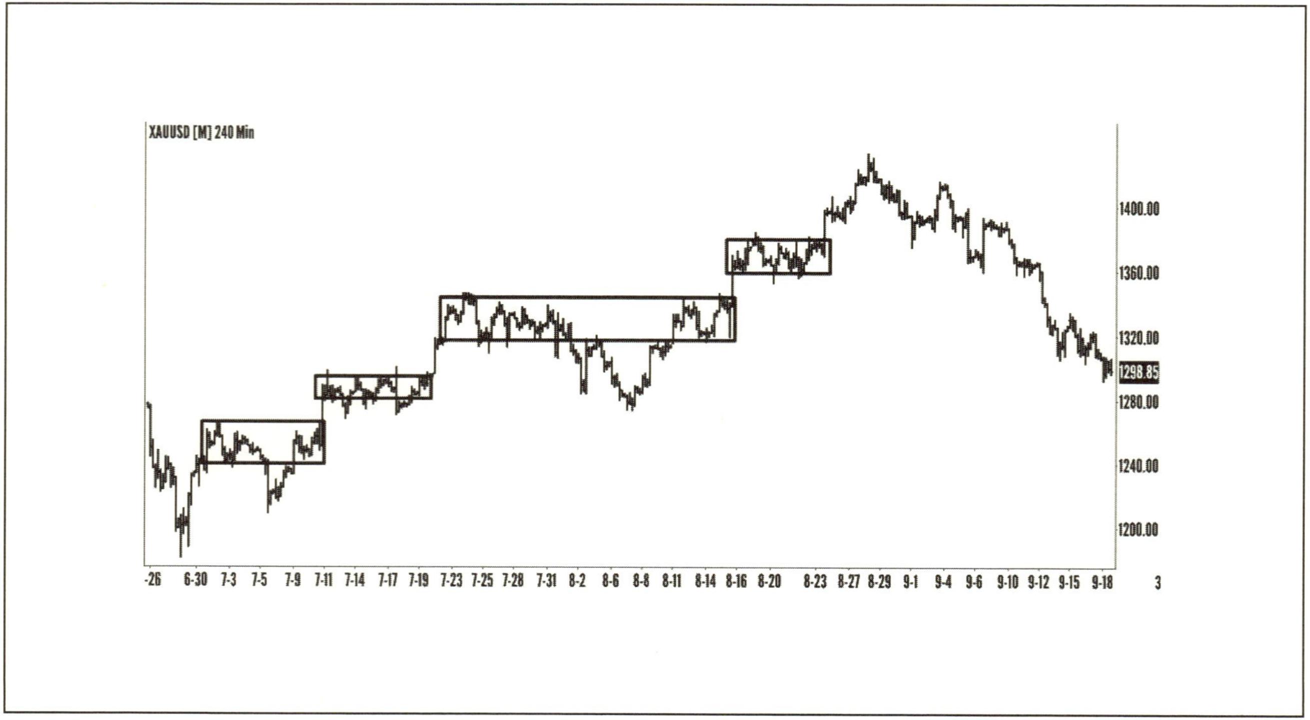

ころでは、価格はほぼフラットになる。そこが超過価格である。
●チャート上で価値領域を見つけることに慣れてきたら、それを1つずつ右側に延長して、将来的な値動きがどうなるかを予測する。

出来高（取引量）

出来高とは、例えば株式市場であれば取引された株式の総数、先物市場であれば取引された枚数の総数、FX市場であれば取引された標準取引量の総数のことである。FX市場は一極集中型市場ではないため、どれくらいの取引が行われたのかを正確に知ることはできないが、取引量を推定する方法はいろいろある。出来高は支持線と抵抗線を見つけるのに利用することができ、それによって値動きの強さが分かるが、価格を分析するほかの概念やメソッドと一緒に使うのがベストだ。

価値領域を見つけるためのガイドラインを使えば、出来高が集中している場所を簡単に見つけることができる。

図9は**図8**とまったく同じチャートだ。**図9**はチャートの左側に価格ヒストグラムで見た出来高を追加しただけである。価格ヒストグラムは出来高を描いたものだが、これは価格別の出来高で、時間は一切関係ない。各価格水準における出来高のみを示したものが価格ヒストグラムである。私はこのヒストグラムは実際のトレードでは使わない。ここでは価値領域の重要性を分かってもらうためにチャートに付け加えた。価値領域の重要性を認識してもらうための、背後にある供給・需要プロセス、長期トレーダーと短期トレーダーの振る舞いについてはすでに説明した。

価格別出来高を見ることで、チャート上で価値領域を見つけることができるようになれば、トレードの飛躍的な進歩が望めることを再確認できる。ヒストグラムの大きなスパイク（突出高）は出来高が多いことを示している。ヒストグラムが右側に長く突き出ているほど、そ

図９　価値領域と出来高の関係

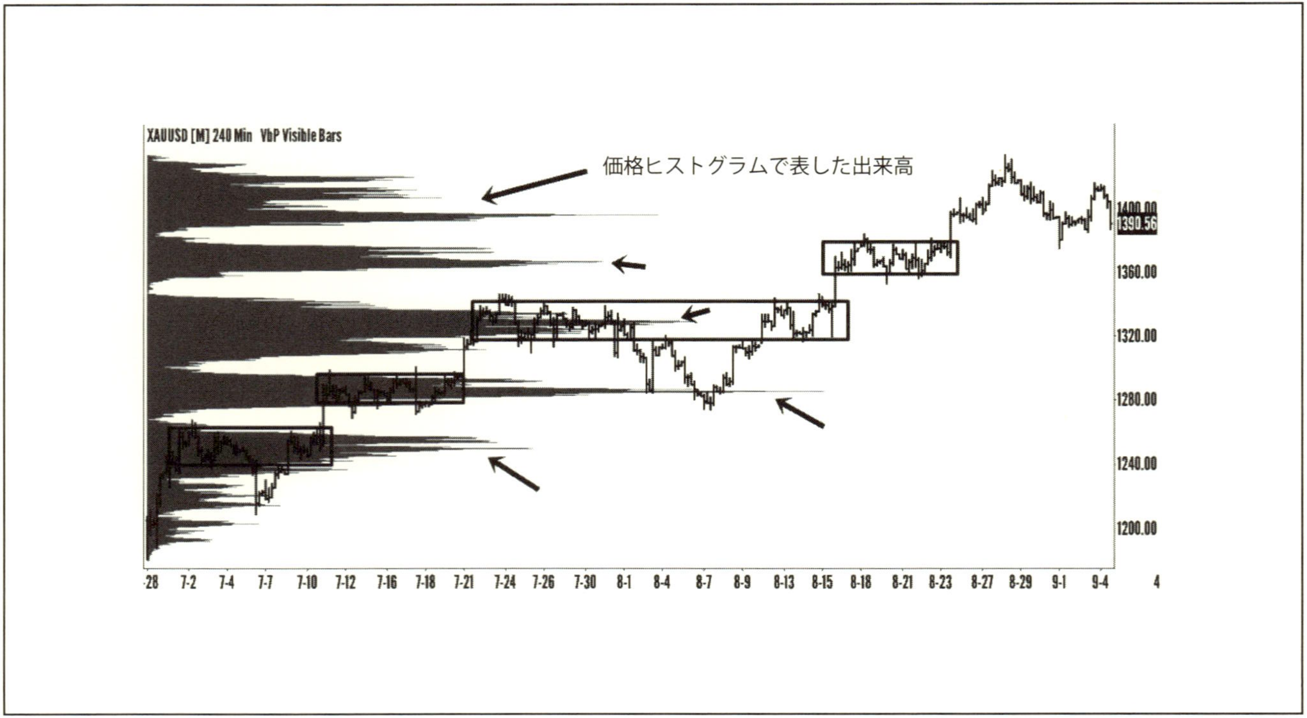

XAUUSD [M] 240 Min　VbP Visible Bars

価格ヒストグラムで表した出来高

1400.00
1390.56
1360.00
1320.00
1280.00
1240.00
1200.00

-28　7-2　7-4　7-7　7-10　7-12　7-16　7-18　7-21　7-24　7-26　7-30　8-1　8-4　8-7　8-9　8-13　8-15　8-18　8-21　8-23　8-27　8-29　9-1　9-4　4

の価格帯における出来高が多いことを意味する。チャート上の価値領域とヒストグラムのスパイクが一致することに注目しよう。出来高のスパイクが価値領域を貫いているのにも注目しよう。FX市場のように一極集中型市場がないため厳密な取引量が分からないような市場の場合、価値領域を見ることで取引量が集中している箇所を簡単に知ることができる。

図10はUSD/JPYペアのチャートを示したものだ。取引量の多い価格帯が価値領域であることに注目しよう。これはトレードをするときにはインディケーターなどが表示されていないチャートだけで事足りることを示している。チャート上の価値領域は出来高以外のことも教えてくれる。前にも述べたように、価値領域は支持線や抵抗線を見つけるのにも使うことができる。これは価値領域の１つの役割ではあるが、出来高もまたこの役割を果たしている。

超過価格

図10には価値領域を上抜いたり下抜いたりする超過価格が見られるが、これは次のように解釈することができる。

- 超過価格は、長期トレーダーがたどった足跡と彼らの意図を示している。
- 超過価格は供給ゾーンと需要ゾーンを明確に示している。
- その結果、超過価格は強力な支持線と抵抗線になる。また、ある価格水準がリジェクトされたことも示している。

図11の①の領域における価格の振る舞いを見てみよう。①は価値領域の上にあるが、価格がそこにとどまる時間は非常に短い。価格は価値領域を上抜いたあと、すぐに価値領域まで下落して上下動を繰り返

図10　価値領域におけるFX市場の出来高

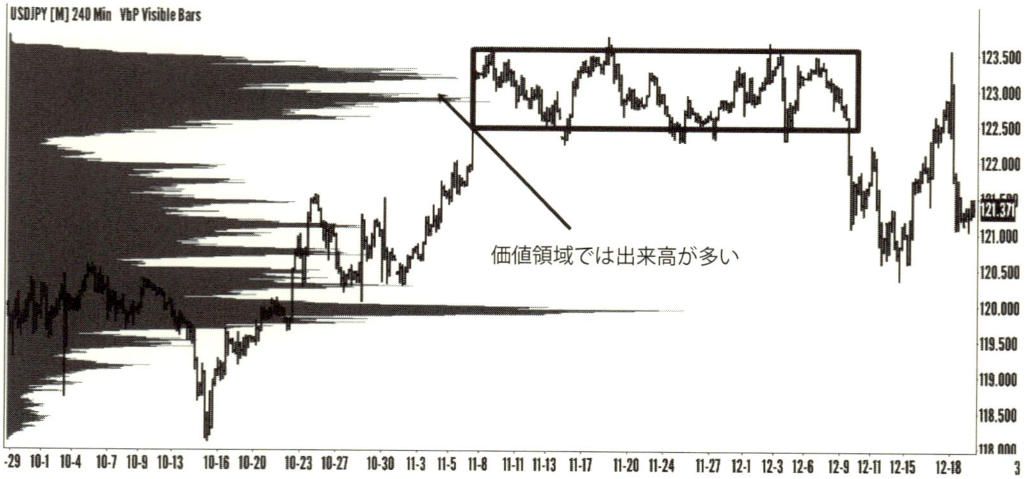

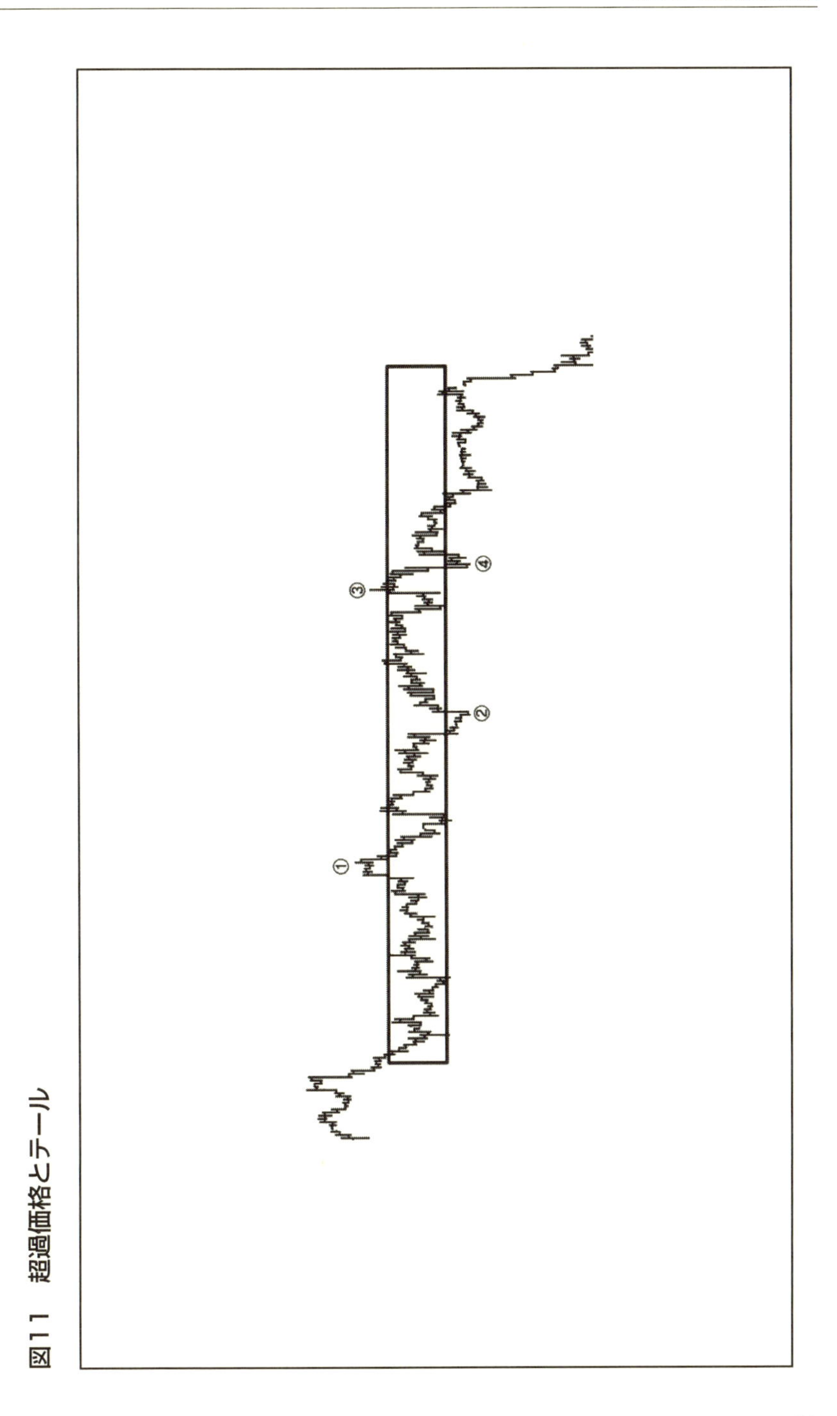

図11　超過価格とテール

す。そのため価値領域では、価格の保ち合いが続く。価値領域を下抜いた②や④のときも同じことが起こっている。①の価格水準は売り手に、②と④の価格水準は買い手に有利な価格水準であるため、彼らが市場に参入しようとしているのは明らかだ。

長期トレーダー――スマートマネーとか大手機関投資家とも呼ばれる――は、あなたや私とは市場に対する見方が異なり、市場をもっと大局的にとらえる。彼らが市場に参入するうえで有利だと思う価格水準は、私たちのような短期トレーダーにとっては有利には映らないこともある。

なぜなら、彼らは短期トレーダーとは見ているものが違うからだ。私たちは物事を短い時間枠でとらえ、短期のプライスアクションに基づいてトレードの意思決定をするが、彼らは違う。例えば、**図11**の①のところでは、市場を大局的にとらえる長期トレーダーが日足チャートを見たとき、彼らはそれを日足チャートの大きな価値領域の下の境界に達したと見たかもしれない。

彼らはここを有利な価格水準と見て市場に参入してくる。一方、私たちは4時間チャートを見ているので、彼らのように日足チャートを見て、価値領域の下の境界であるとは感じない。あなたの市場分析ルールでは、この①は売るところではないが、長期トレーダーはあなたとは考え方が違う。重要なのは長期トレーダーの意見である。

なぜなら、彼らは価格を一定の方向に動かすトレード資金を持っているからだ。しかし、私たちはそんな大金など持っていない。でも、私たちは彼らと同じサイドにいることができるように、彼らの動きを密かに見張り、彼らのやっていることを観察することはできる。超過価格は長期トレーダーが市場に参入してくるのを見極めるための強力なツールなのである。**図11**の③はいわゆる「テール」と呼ばれるものだ。これは超過価格と同じ特徴を持ち、暗示するものも同じだが、超過価格よりも強力だ。

価格がとどまる時間が短い価格水準であるほど、その価格水準は将来的なプライスアクションの支持線や抵抗線になる可能性が高いということを覚えておいてほしい。なぜ、そうなるのだろうか。それは価格がとどまる時間が短いということは、その価格水準はリジェクトされたことを示しているからである。①、②、④の超過価格は、価格は価値領域の外側にあり、５～10本の足の時間だけ価値領域の外側にとどまったあと、価値領域に引き戻される。これはこの価格帯がリジェクトされたことを示している。

別の言い方をすれば、市場は①で供給を見つけ、②と④で需要を見つけたということである。もっと簡単に言えば、①の価格帯では売り注文が入り、そのため供給が増えて、価格は下落して価値領域に引き戻され、そして、②と④の価格帯では買い注文が入り、そのため需要が増えて、価格は上昇して価値領域に引き戻されたということである。③についても同じことが言えるが、この③は、①や②や④よりも強力だ。

価格が価値領域を上抜いて③に到達すると、そこにとどまる時間は極めて短く、その価格水準はすぐにリジェクトされる。ここでは、供給が急激に増える。これは売り手が市場に参入したことを明確に示す売り手の足跡である。これは超過価格でもあるが、その見た目からテールまたはスパイクと呼ばれることが多い。呼び名は重要ではない。重要なのはこういったポイントをチャートで見つけたときに、その意味をしっかりと理解することである。

この点をもっとはっきりさせるために次のことを考えてみよう。**図11**のチャートでは、超過価格が４つある。２つは価値領域の上にあり、２つは価値領域の下にある。リジェクトをより明確に示すテールは価値領域の上にある。価値領域の下にあるのは２つの普通の超過価格だ。超過価格の④が完成し、価格が価値領域に引き戻されたあと、価格はまた価値領域を下にブレイクして、そのまま下落し続けるだろうと私たちは考えるはずだ。このチャートではそのとおりになっており、価格は価値領域を下にブレイクし、そこで小さな価値帯が形成されている。これは大きな価値領域の下の境界がリジェクトされたことを示している。価格は価値領域の下の境界に達して、その境界を試している。価値領域の下の境界では供給が発生、つまり売り注文が入ったため、価格はさらに下落して価値領域から離れていった。

こういったことが実際に起こる前に、なぜ私たちはこういうことが起こると思ったのだろうか。そう思った理由の１つは、価値領域の上にある③のテールにある。ほかの理由についてはこのあとの章で議論する。

テールは、その価格帯が強くリジェクトされていることを示している。価値領域の下にはテールはない。そこで次のような仮説を立てることができる――売り手は買い手よりも価格を価値領域に引き戻そうとする動機が強いため、売り手のほうが強い、つまり供給が需要よりも若干多い。

もちろん、価格がある地点から上昇するのか下落するのかを判断するには２つ以上のテールが必要だが、この超過価格を認識するだけでも真相を見抜く力が養え、より良いトレードの意思決定をすることができる。

図12の例では、テールが価値領域の上と下に形成されている。そのうえ価値領域の上にはもう１つ超過価格が形成されている。これは、最終的には売り手が買い手とのバトルを制し、価格を価値領域の下まで押し下げていく可能性があることを示している。

価値領域の下のテールは、足２本分しかそこにとどまっていないため、ここの価格は強くリジェクトされたことを示している。そのあとに価値領域の上にテールが発生し、そこは足４本分とどまっているが、こちらのほうが強いリジェクトに遭っている。

１本だけほかの足よりも高い足が真ん中にあるが、それがテールだ。

図12　超過価格とテールと出来高との関係

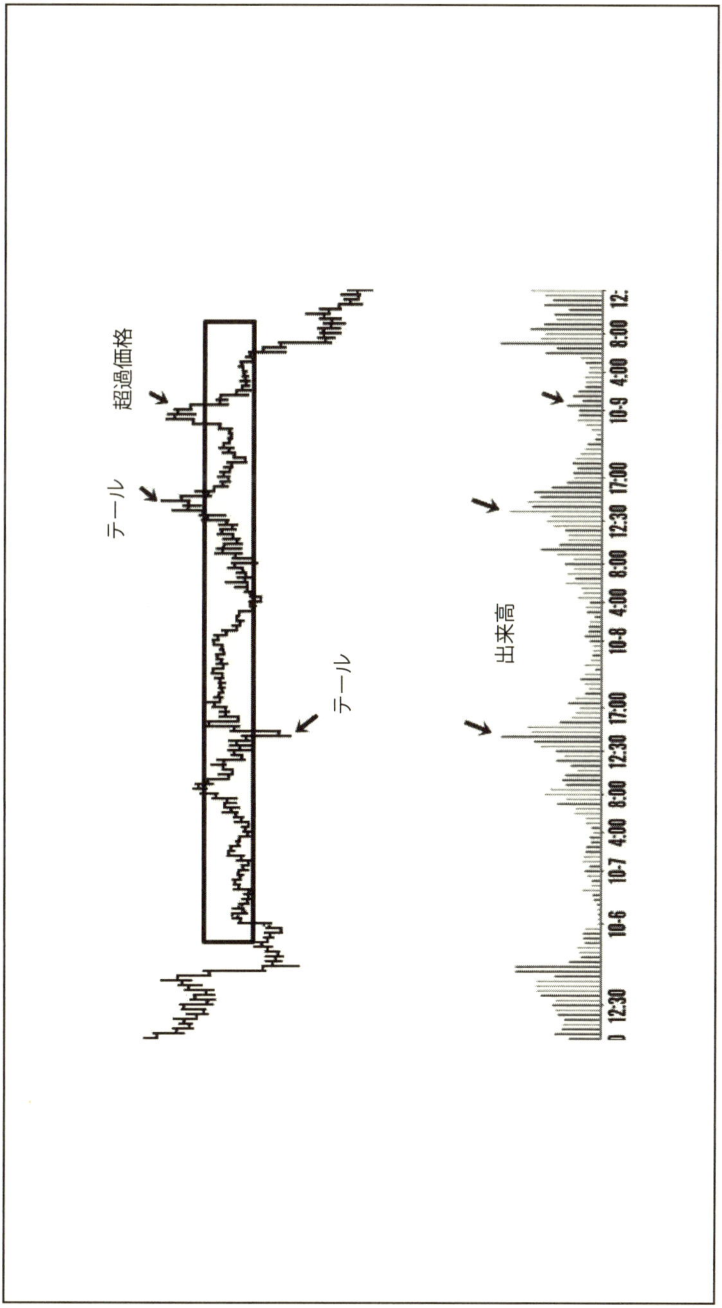

リジェクトがどれくらい強いのかを測るのに足の数を数える必要はない。ここで足の数を数えたのは、何が起こっているのかを説明するためにすぎない。

図12のチャート上で価値領域の下にあるテールのような価格スパイクを見つけたら、それはその価格水準に買い手の足跡、つまり需要が存在することを意味する。一応の目安として、価格がその価格帯にとどまる時間が短いほど、その価格水準に対するリジェクトが強いことを意味するということを覚えておこう。

次に**図12**のチャートの下側を見てみよう。各超過価格またはテールに対応して出来高のスパイクが発生しているのが分かる。これは買い手や売り手が市場に参入していることを明確に示している。価値領域を上抜いたときの超過価格の出来高は比較的少ないが、これはトレード活動が１日のうちでも少ない時間帯だったことを示している。とはいえ、その価格帯の出来高はほかの時間帯の出来高に比べると多い。

「ここで本書を読むのを中断して、価値領域を見つけるのを練習したチャートで、超過価格やテールを見つける練習をしてみよう。価値領域の上や下にある超過価格やテールを見て、そういったゾーンやテールが形成されたあと価格がどうなったか観察しよう。また、超過価格の形成と、そのあとで発生する価値領域の上または下へのブレイクとの関係は理解できただろうか」

コントロールプライス

一定の価格帯がどのようにして価値領域になるのかは理解してもらえたはずだ。価値領域では価格は上下動を繰り返し、横ばいになる。価値領域内のこうした上下動は、ある価格水準を中心に価値領域の上の境界と下の境界を行き来することで発生するものであり、その価格水

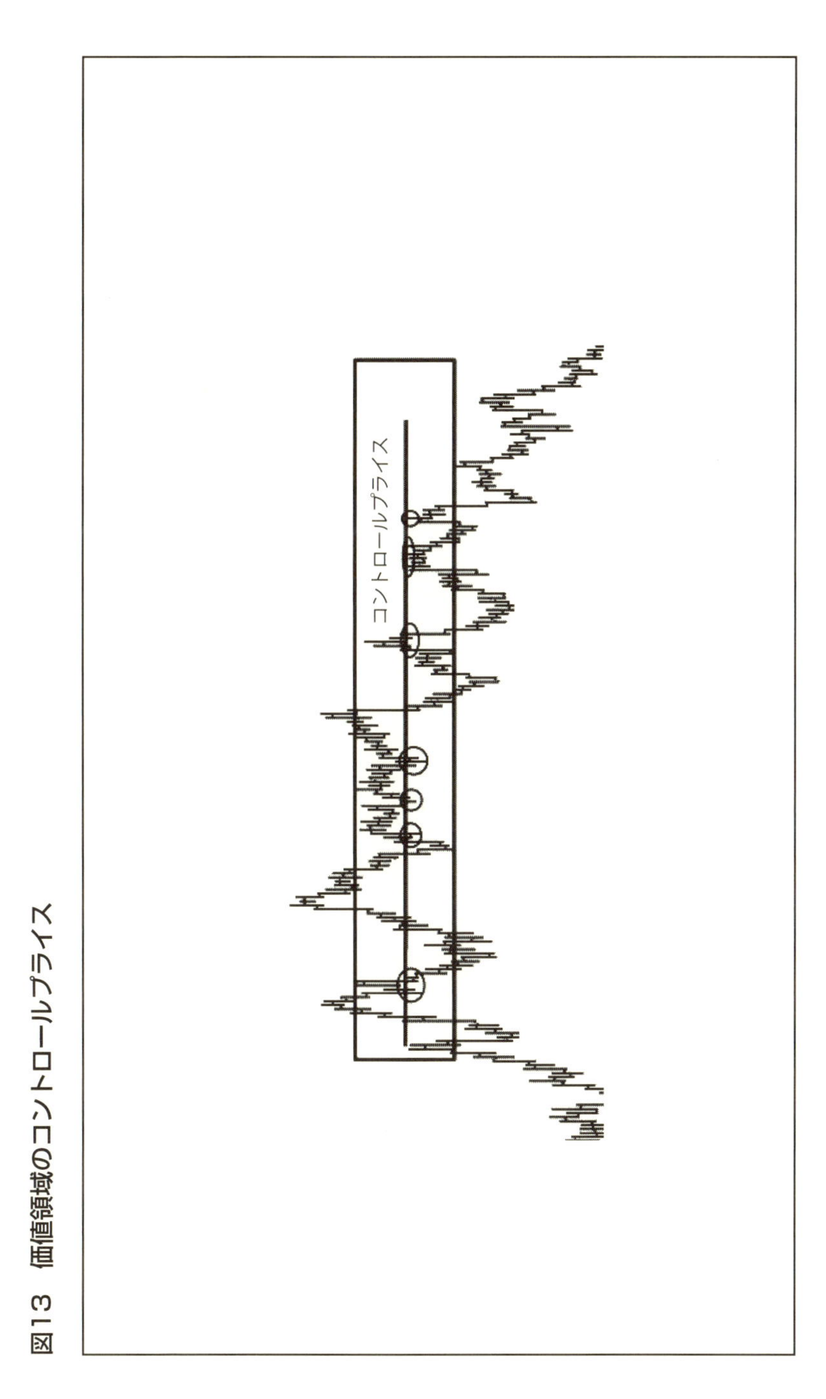

図13　価値領域のコントロールプライス

準はトレード活動が最も活発なところである。こうした価格水準を「コントロールプライス」と言う。言うなれば、価値領域内の上下動の中心となる支持線や抵抗線と考えればよいだろう。

図13のチャートを見てみよう。価値領域の内部に水平線が引いてある。これは価値領域のなかで価格が最も多くとどまった価格帯である。価格がこの水準に達し、上昇したり下落したあと、再びその水準まで下落したり上昇して、その水準の真上や真下に小さな価値領域が形成される。図中の丸で囲んだ部分がそこで、これがこの価値領域のコントロールプライスである。コントロールプライスは、価値領域内での上下動をコントロールする場所だ。価値領域内のほぼすべての上下動はこのコントロールプライスラインのところで止まり、短時間だけそこにとどまって、その水準を上や下に抜いたあと、小さな価値領域を形成する。コントロールプライスを中心に上下動する横ばいの動きがその小さな価値領域である。

コントロールプライスは、前にも述べたように上下動の中心となる支持線であり抵抗線にほかならない。「上下動の中心」というのは、価格がこのラインを中心に上下動するということである。価値領域の上の境界からこのラインに近づくと支持線になり、価値領域の下の境界からこのラインに近づくと抵抗線になる。価値領域がトレード活動が最も活発で、出来高が最多になる領域だとすれば、コントロールプライスは、価値領域内でトレード活動が最も活発で、出来高が最多になる水準のことを言う。

コントロールプライスは引力を持った水準と考えればよく理解できるかもしれない。コントロールプライスは、価値領域内の価格を引き付ける水準だ。価値領域内にある価格はすべて、引力のようにコントロールプライスに引き寄せられるというわけである。価格が価値領域にあるかぎり、価格はこのコントロールプライスに引き寄せられ、価値領域のほかのどの価格帯よりもコントロールプライスかその周辺にとどまる時間が長くなる。

図14の価値領域を見てみよう。価値領域が長時間にわたって続く（サイズが大きい）ようなこうした状況では、価値領域のなかに上下動の中心となる支持線・抵抗線が２つ以上形成され始める。こうした水準のなかからコントロールプライスを見つけるのは、つまりトレード活動の中心となる水準を見つけるのは一見難しそうに思える。その例を**図14**で見ていくことにしよう。価値領域のなかに引かれた２本の線はトレード活動が活発なところで、価格は上の線と下の線に交互に引き寄せられているように見える。

チャートを注意深く見て、価格との相互作用が大きいのはどちらの線なのかを見極める必要がある。**図14**のチャートでは、この価値領域のコントロールプライスは、価値領域の中心により近い②のラインである。チャートを見ると分かるように、①のラインよりも②のラインの周辺で価格はより頻繁にスイングし、転換している。また②のラインの周辺のほうが小さな価値領域をより多く形成している。

価値領域のなかでどの支持線や抵抗線が価格に対してコントロール効果が強いのかを決めかねるときは、価値領域の中心により近いラインを選ぶ。**図14**のチャートの②のラインは①のラインよりも価格に対してコントロール効果が強いだけでなく、価値領域の中心により近い。したがって、コントロールプライスは②のラインである。

価値領域が**図14**のチャートの価値領域よりも小さい場合もあるだろう。その場合、境界の間の上下動の数は違ってくるはずだ。そういった価値領域ではコントロールプライスを見つけるのは難しいかもしれない。しかし、コントロールプライスがないわけではない。コントロールプライスは必ず存在する。あなたが見ている時間枠では見つけられないだけである。

あなたがトレードしたい時間枠で価値領域を見つけ、次にあなたが見ている時間枠よりも短い時間枠でコントロールプライスを探そう。そ

図14　複数のコントロールプライスライン

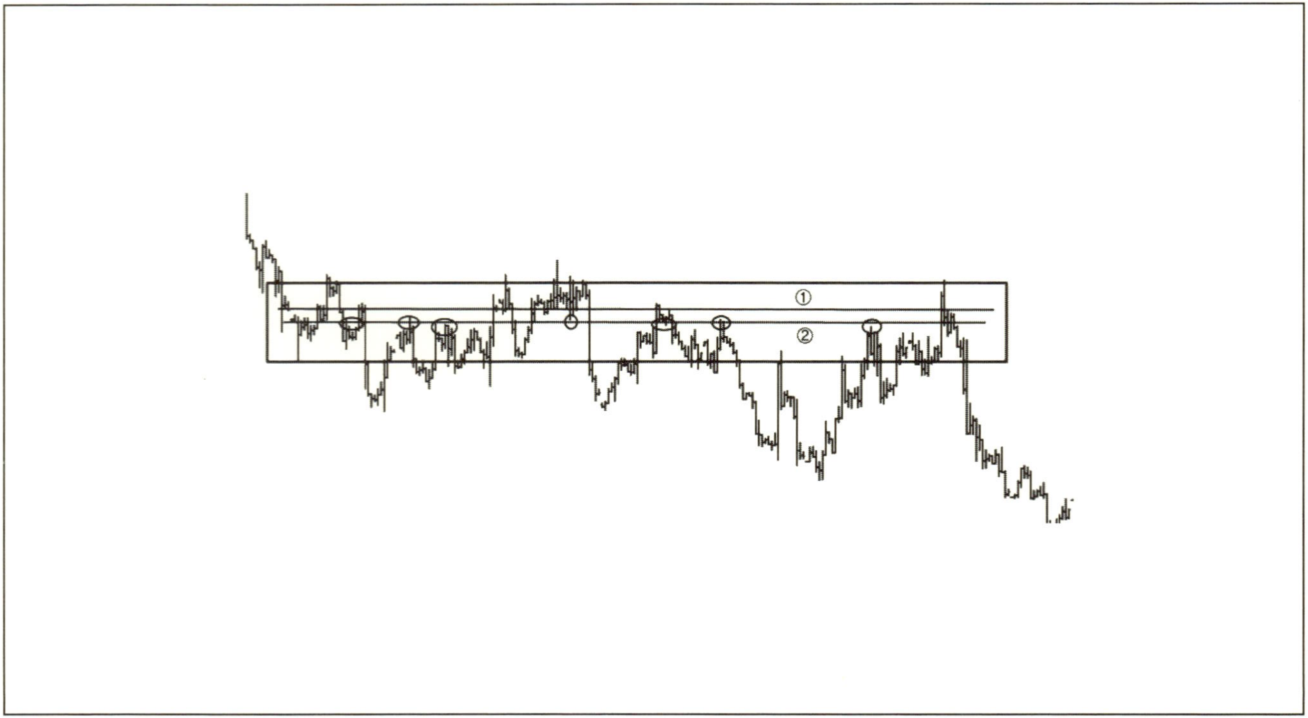

うすると、コントロールプライスが見つかるはずだ。価値領域のなかの上下動や小さな横ばいの動きは、短い時間枠のほうが見つけやすい。

「ここで再び本書を読むのをやめて、価値領域や超過価格を見つける練習をしたチャートに戻って、各価値領域のコントロールプライスを見つける練習をしてみよう。価値領域のなかで価格を引き寄せる引力となるのはどこなのかを見つけてみよう。小さな転換点、小さな価値領域、一定の価格水準を中心とする横ばいの動きを探してみよう」

そういった水準が２つ以上あって、最も価格を引き寄せる水準を見つけるのが難しいときは、短い時間枠を使ってみよう。それでもまだ違いがはっきりしないときは、価値領域の中心により近いほうの水準を選ぶ。あなたが見ている時間枠でコントロールプライスを見つけられないときも、短い時間枠を使えば見つかるかもしれない。ちょっと難しそうに思えるかもしれないが、心配は無用だ。このあとからも実例がたくさん出てくるのでそれで学習すればよい。

主導的トレードと応答的トレード

価値領域や、需給関係で考えたときのその背後にある根本的な考え方について議論したとき、買い手も売り手もその時点においては、公正価値を持つ特定の価格帯が存在することを知っていると述べた。

その結果、彼らは価格がその価値領域にあるときは満足し、価格が価値領域を上にブレイクしたときにのみ売りの行動に出て、価格がその領域を下にブレイクしたときにのみ買いの行動に出る。これを「応答的トレード」と言う。価格が価値領域にあるとき、需要と供給は均衡状態にある。しかし、買い手や売り手が、現在価格はもはや公正価格ではないと思ったらどうなるだろうか。彼らは直ちに市場に参入し

図15　主導的な値動きと応答的な値動き

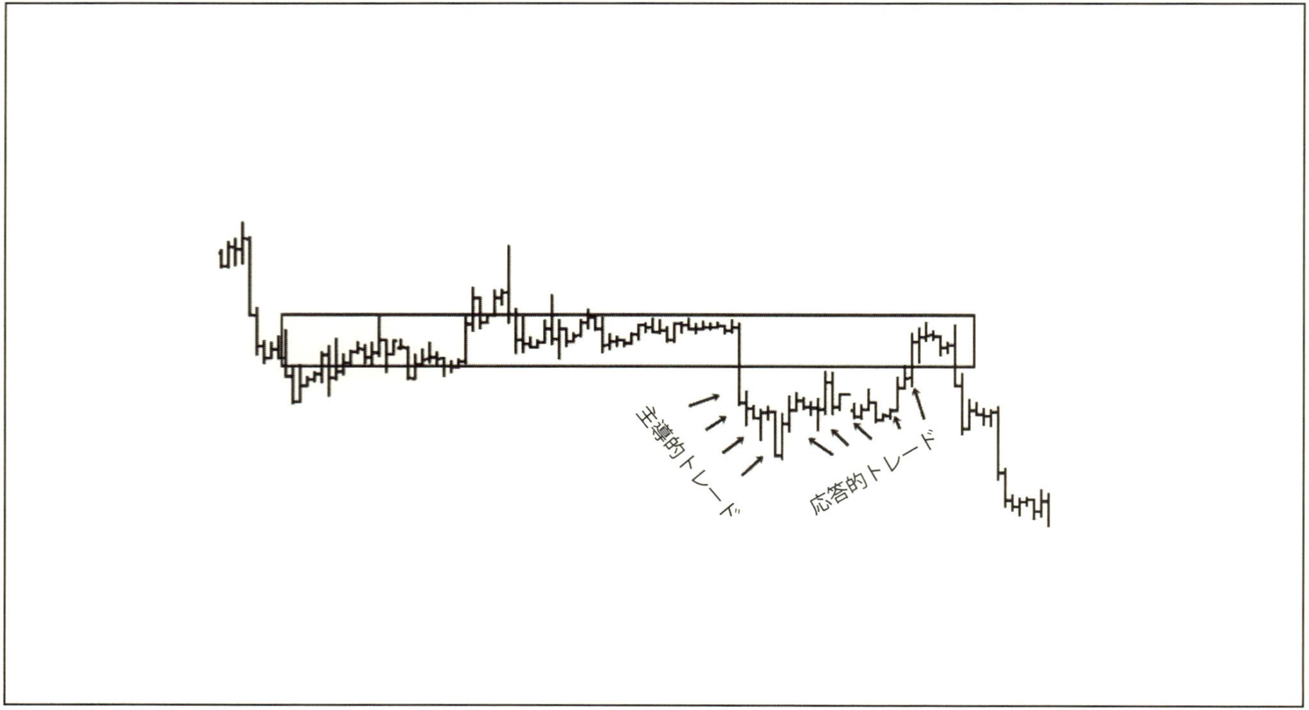

て主導権を握り、価格を価値領域から動かそうとする。これを「主導的トレード」という。

図15のチャートでは価格は価値領域を勢いよく下にブレイクしている。価値領域の上の境界から下の境界を下抜いてブレイクするのに１本の長大線しか要していない。これは先導的トレードだ。トラッキングしている基本的なファンダメンタルズを考慮した結果、売り手はこの領域はもはや公正価格ではないと感じている。そこで彼らは、市場に参入して価格を押し下げようと決心する。このとき彼らは勢いよく大量に売る。

このあとおいおい分かってくると思うが、価値領域をトレードに利用する１つの方法は、価値領域が「価格を引き寄せる」という事実を利用することだ。したがって、主導権を握って価格を首尾よく価値領域から動かすには出来高が必要なのである。価格がこのように価値領域から素早く勢いよく遠のいていくのを見たとき、大量に取引されたことが分かる。

一方、応答的トレードはこれとは異なる。応答的トレードは主導的トレードのような勢いはない。**図15**のチャートを見ると分かるように、売り手が主導権を握り、価格を価値領域から素早く遠のかせようとしたあとの買い手の反応は弱い。価格は横ばいの動きを交えながらゆっくりと価値領域に戻っていくが、価格はそこで再び供給を見つける。価値領域の上の境界近くまで戻った価格は、売り手に有利な価格で売る機会を与える。売り手はそこで売って、再び主導権を握って価格を押し下げる。

今度は最初のときよりもさらに押し下げる。市場はもはや均衡状態にはなく、売り手が支配している状態だ。

図16の通貨ペアの動きを見てみよう。価格は主導的な売りによって１つの価値領域から別の価値領域へと移動している。①②③⑤の値動きは、方向とは関係なく価格を公正価格から引き離しているため、こ

図16　主導的な動きや応答的な動きを繰り返しながら価格は価値領域を移動させていく

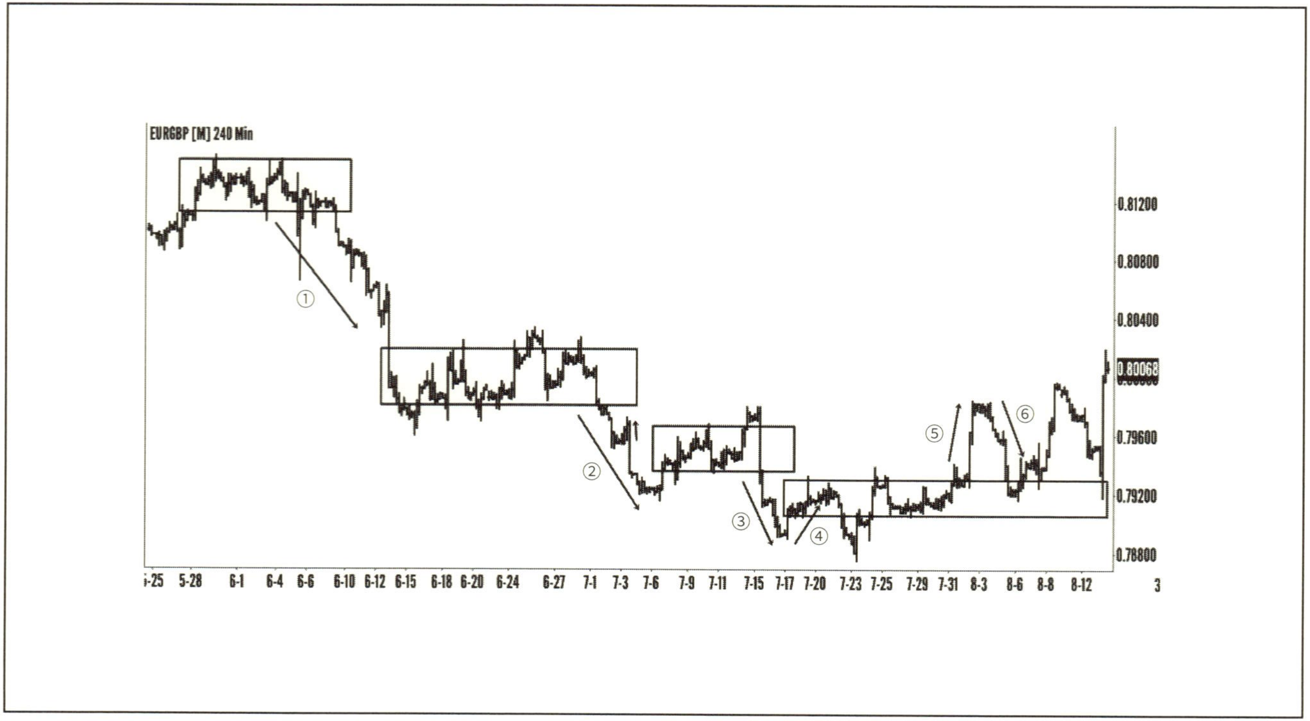

れらはすべて主導的な値動きだ。⑤の値動きは、需要と供給の力学が変化しているため、前の３つの主導的な値動きとは異なる。最初の３つ（①②③）は売り手が価格を価値領域から押し下げてこの通貨ペアをコントロールしていることを示しているとするならば、⑤は買い手が主導権を握って価格を押し上げて価値領域から引き離していることを示している。このチャート全体の下落の動きは、買い手と売り手の間の力学が変化したために、まもなく終わることが予想される。

この時点までは売り手による主導的な売りが続いたが、トレンドの終わりでは主導的な買いが発生している。価値領域へと向かう⑥の下落の動きは応答的な売りを示している。チャートを見ると分かるように、チャートの大半で発生している主導的な売りに対して、価格を少なくとも価値領域に押し上げようとする応答的な買いはない。③の主導的な売りに対してのみ、かろうじて応答的な買いが発生している（④の動き）。そのほかの主導的な売りに対しては買い手の反応が鈍いことを考えると、その時点では売り手が市場を完全にコントロールしていたことが分かる。需要が増えたのはチャートの底の最後の価格帯でだけである。チャートの底では買い手によって価値領域の下に長いテールが形成されているが、これは買い手がこの安値での買いに興味があることを示している。

買い手が主導権を握り、価格を価値領域から押し上げている⑤の値動きによって、これを確認することができる。最初の２つの主導的な売りに対しては、買い手からの反応はまったくなかった。応答的な買いがスタートするのは③の主導的な売りに対してからである。

これは買い手がこの安値に興味を持ち始めたことを示している。価格が下落するほど需要は増える。この分析については第３章で議論する。

「ここで再びチャートに戻って主導的な値動きと応答的な値動きを見

つける練習をしてみよう。主導的な値動きと応答的な値動きを関連づけることはできただろうか。価格はどのように方向を変えただろうか。この例のように常にはっきりと動きが確認できるわけではないので、分からなくても気にすることはない」

これで第２章は終了だ。第３章では価値領域が移動するメカニズムとその意味するものについて議論していく。第２章では随所で練習の時間を取ったが、本章で話したことを完全には理解できないと感じるかもしれない。でも気にすることはない。本章で述べたことは本書を通じていろいろな例を使って説明していく。例は、これ以降も飽きるほど出てくる。

しかし、しばらくすると、これらを学んで本当に良かったと思えるようになるはずだ。これらを学ぶことであなたのトレード方法や市場の分析方法は劇的に変わってくるだろう。市場構造を理解することでトレードに自信がつき、あなたのテクニカル分析アプローチは万能で、利益を上げられるものになるはずだ。

価格の足や値動きという言葉よりも、需要と供給という言葉のほうが頻繁に出てきたことに気づいただろうか。これは意図的なものだ。あなたにとっての目標は、根本となる概念を学び、それに基づいてトレードの意思決定ができるようになることである。

チャート上の値動きは私たちと需要・供給をつなぐ仲介者でしかない。私たちはチャート上の価格を読み取ってその背後で何が起こっているのかを見いだす。チャートを見ているときにはこうした判断は頭のなかでやらなければならない。本書を読み終えるころには、市場を分析するときに必要になる完璧な思考プロセスが身についているはずだ。機械的にルールを覚えたいという誘惑にかられる気持ちは分かるが、どうかそれにあらがってもらいたい。

ルールを覚えたり、チャート上の線だけを見るのではなくて、自分の頭で考えてもらいたい。

重要なのは「思考プロセス」なのである。そうすれば、万能トレーダーになれるだろう。そして、市場が投げかけてくるあらゆるものに対応することができるようになるだろう。

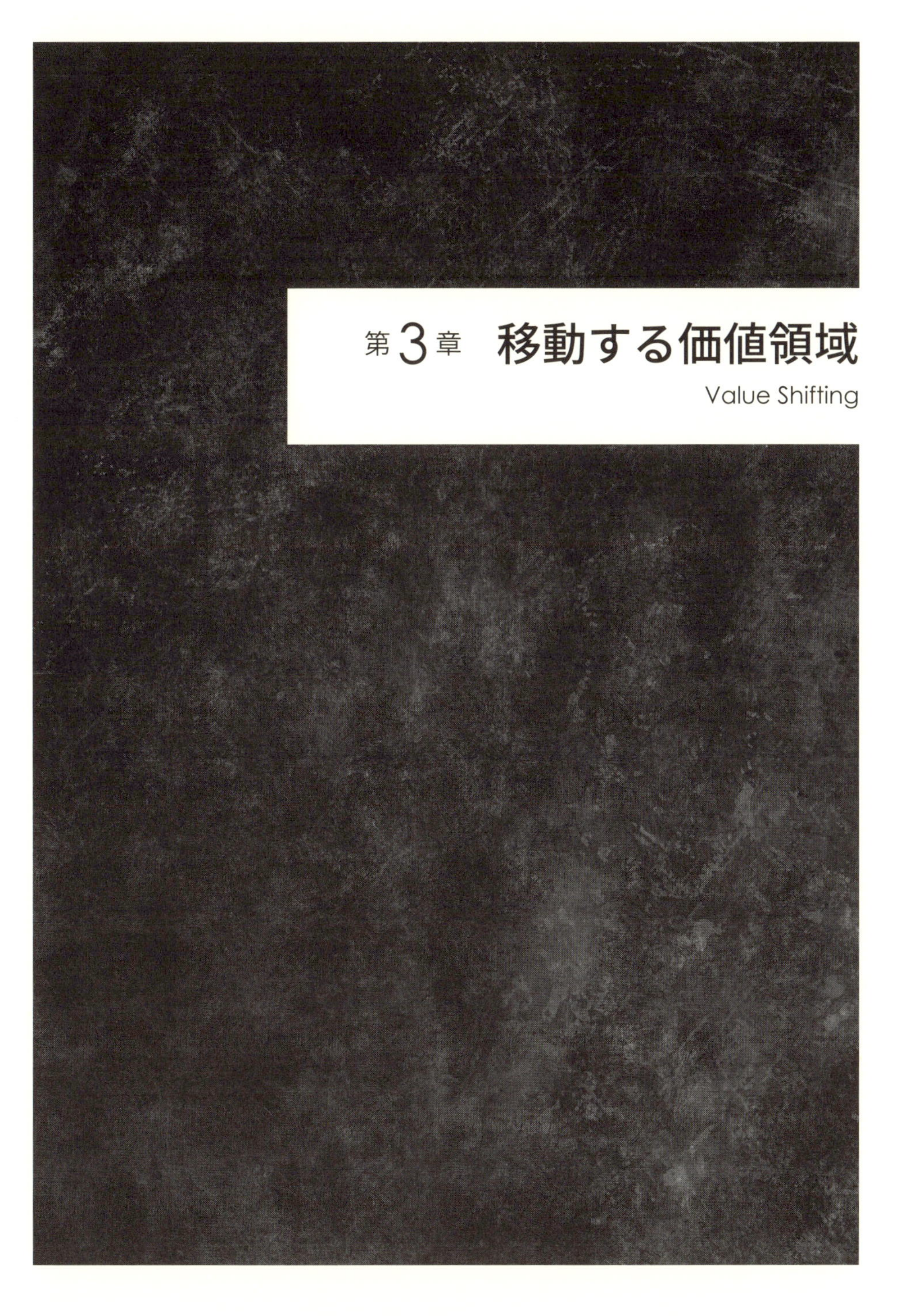

第3章　移動する価値領域

Value Shifting

価値領域とは、市場が長い時間とどまる領域である。

この領域では、供給と需要が拮抗し、その結果として価格は横ばいになり、価値領域の上の境界（供給）と下の境界（需要）との間で価格は上下動を繰り返す。そこは出来高が最も多くなるところでもある。しかし、需要と供給が完全に均衡状態にない場合もある。もしこの均衡状態が少しだけ崩れたら、例えば供給が需要を少しだけ上回ったら、値動きはどのようになるだろうか。

もしそうなると、ベア（下落）相場になり、売り手がゆっくりと価格を引き下げている状態になる。「ゆっくりと」という言葉が鍵となる。

それでは、**図17**のチャートのプライスアクションを見てみよう。このチャートには３つの価値領域がある。各価値領域はほとんど連続しており、下降しながら１つの大きな価値領域を形成している。１つの価値領域がどこで終了し、次の価値領域がどこから始まっているのかはよく分からない。それぞれの価値領域の下の境界辺りの値動きを見れば分からないわけでもないが、それらを明確に区別するのは難しい。それぞれの価値領域の下の境界は、次の価値領域の上の境界の抵抗線になっている。ここで強調したいのは、価値領域は実質的にはつながり、１つの価値領域になっているという点である。

３つの価値領域が融合した１つの大きな価値領域はゆっくりと下降している。最初の価値領域の左側に見られるような急激な下落の動きはない。領域内では需要と供給は若干不均衡状態にあり、少しだけ売り手が有利だが、大きな不均衡ではない。大きな不均衡があれば、価格は勢いよく下落し、こうした下方へのゆっくりとした動きは見られないはずだ。前にも述べたように、チャートに引いた線に注目するよりも、需要と供給を生みだす力について考える必要がある。

出来高と価値領域との関係を思い出してもらいたい。価格別出来高のヒストグラムがチャートに描かれていると考えてみよう。これら３つの価値領域の間には出来高の差はほとんど見られないはずだ。なぜ

図17　価格はゆっくりと下降していく

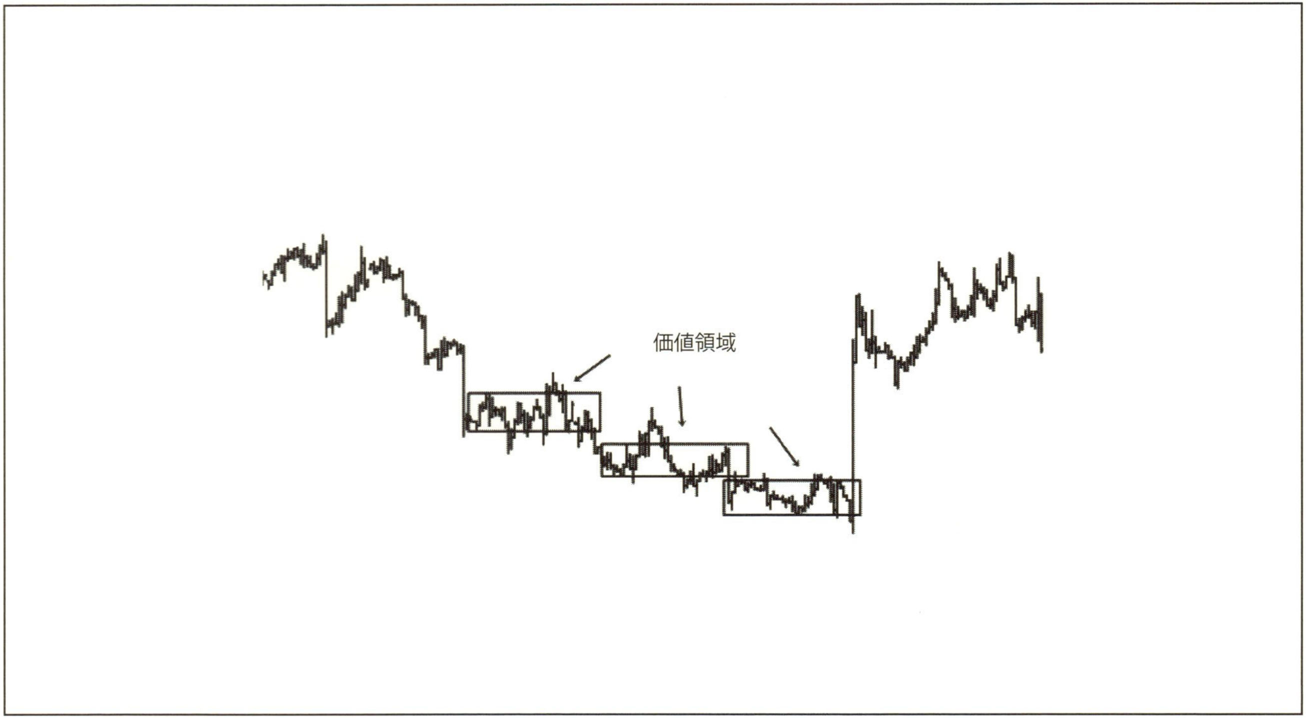

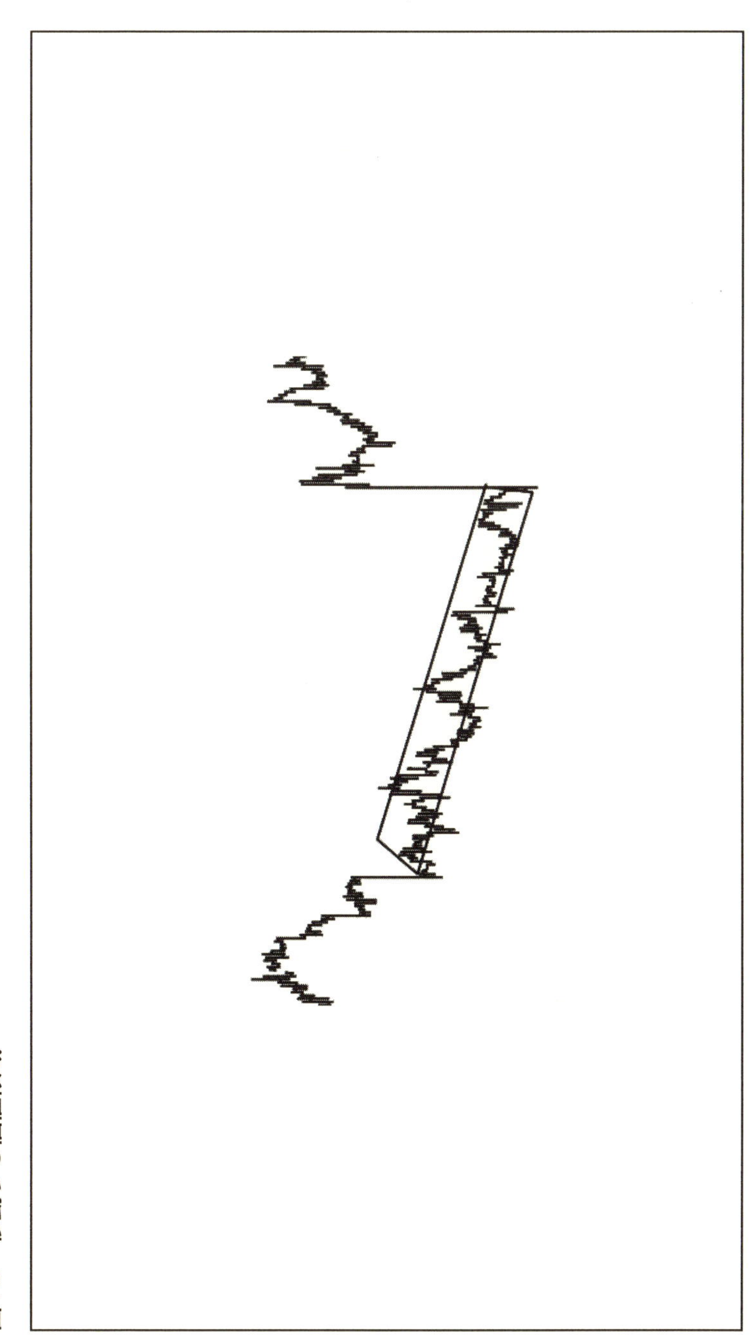

図18　移動する価値領域

なら、これらの価値領域は非常に接近しており、ほとんど1つの価値領域になっているからだ。再び同じチャート（**図18**）を見てみよう。

これら3つの価値領域を1つの価値領域とみなすと、どうだろうか。大きな1つの価値領域は第2章で述べた価値領域の基本的な性質を備えている――出来高が最多になり、上と下に境界があり、超過価格があり、コントロールプライス（表示はなし）がある。コントロールプライスについてはこのあと詳しく説明する。また、価値領域の上と下の境界の間で上下動を繰り返している。

もちろん**図18**のチャートでは売り手が支配権を握っており、価格をゆっくりと押し下げているため、需要と供給が完全に均衡状態にある完全に横ばいの動きをする価値領域のように、価格が同じ水準で上下動を繰り返すわけではない。水平の価値領域は、将来のプライスアクションにとって極めて強力な支持線や抵抗線になる。一方、価値領域が移動する場合、価格が1つの価値領域にとどまる時間は短くなる。

ここでは、第2章で述べた価値領域と同じ強力でより大きな価格構造を見るために、これらの価値領域を使う。もう少し我慢してほしい。そうすれば、大いに興味がわいてくるだろう。

図19の①や④のように、②と③の小さな価値領域は1つの価値領域にまとめることはできるだろうか。それはノーだ。①と④の価値領域は非常に似ており、需要が供給を少しだけ上回っている。その結果、価格はゆっくりと押し上げられている。価格は上下動を繰り返しているが、それぞれの上下動は前よりも少しずつ上昇している。

上向きと下向きの矢印で示したように、価値領域のなかで価格は上下動を繰り返している。これによって長方形で囲まれた価値領域の上と下の境界が形成される。上方への強い動きがないため、市場はほとんど同じ価格帯にある。したがって、前の価値領域の上や下に形成された小さな価値領域は、より大きな1つの移動する価値領域にまとめることができる。

図19　移動する価値領域

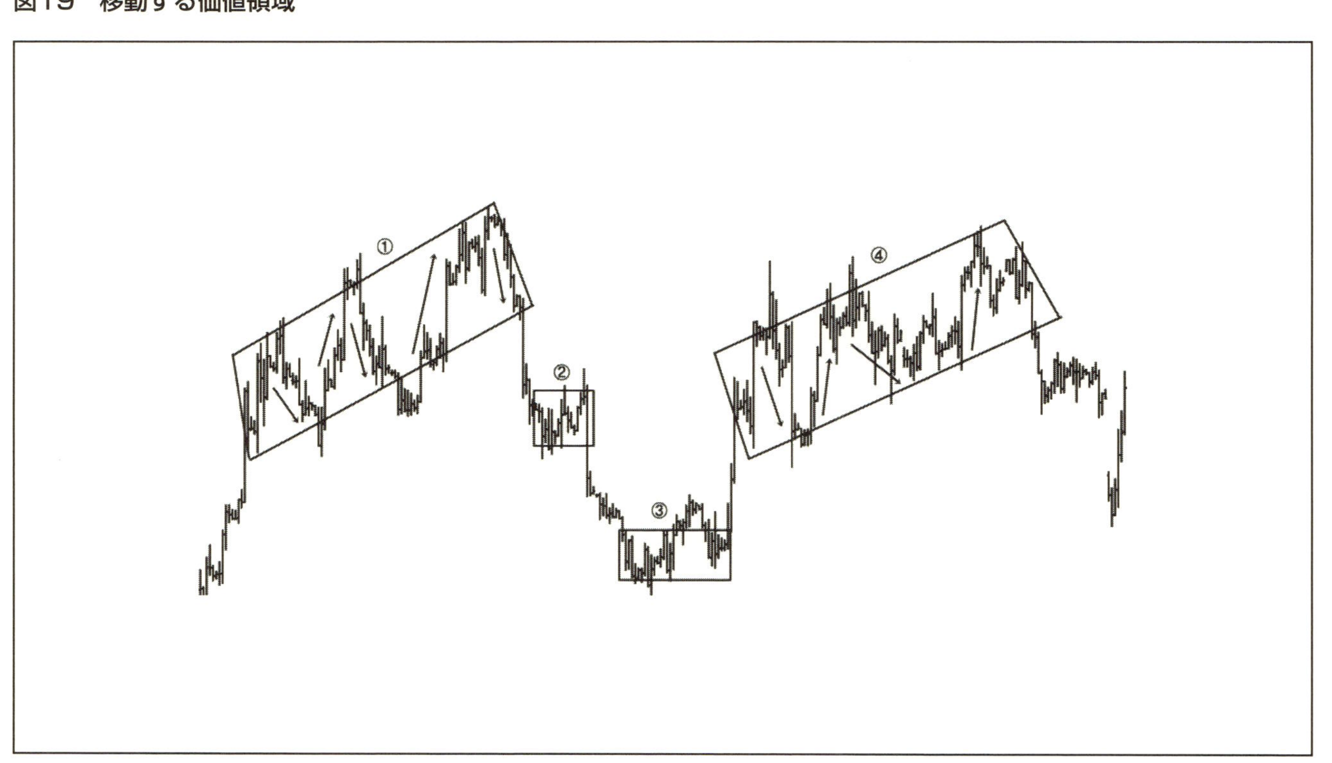

しかし、②と③の小さな価値領域を、下に移動する大きな価値領域にまとめることができないのはなぜなのだろうか。それは②の価値領域から下方に向かう主導的な動きがあるからである。②と③の間には大きくて強力な下方への動きが存在する。ここでは需要と供給との間に不均衡が生じたのは明らかだ。

ここでは支配権を握っているのは売り手で、彼らは②の価格帯はこの証券にとっての公正価値だとは思っていない。したがって、力づくで価格を押し下げようとしている。そのあと、③の価値領域が形成される。②と③はその間には大きな下方への動きが存在するために１つにまとめることはできず、別々の価値領域として扱わなければならない。①と④の価値領域では、一方向のそういった大きな動きは存在しない。①と④では需要と供給は不均衡状態にあり、若干買い手が有利で、買い手は上下動のたびに少しずつ価格を押し上げている。

「さあここで再び練習の時間だ。今回の練習は価値領域が移動することに慣れるのが目的だ。チャートを分析しながら、水平な価値領域でやったのと同じように、移動する価値領域に印を付けていこう。小さな価値領域が続く比較的狭い価格帯を見つけよう。この価格帯は価格活動の１つの大きなブロックのようなもので、隣接する価値領域を分離するような強い動きはない。水平な価値領域と同じようにそれほど厳密に考える必要はない。大量のトレードが発生しているところを四角で囲むだけである。超過価格にも注意しよう」

大きな価値領域――市場を大局的に見る

月足チャートに興味を持ったことはあるだろうか。少しの間だけ月足チャートに目を転じてみよう。月足チャートや週足チャートをスクロールしていくと、ほとんどの場合、現在の価格活動が大きな価値領

図20　価値領域は上方に動いていく

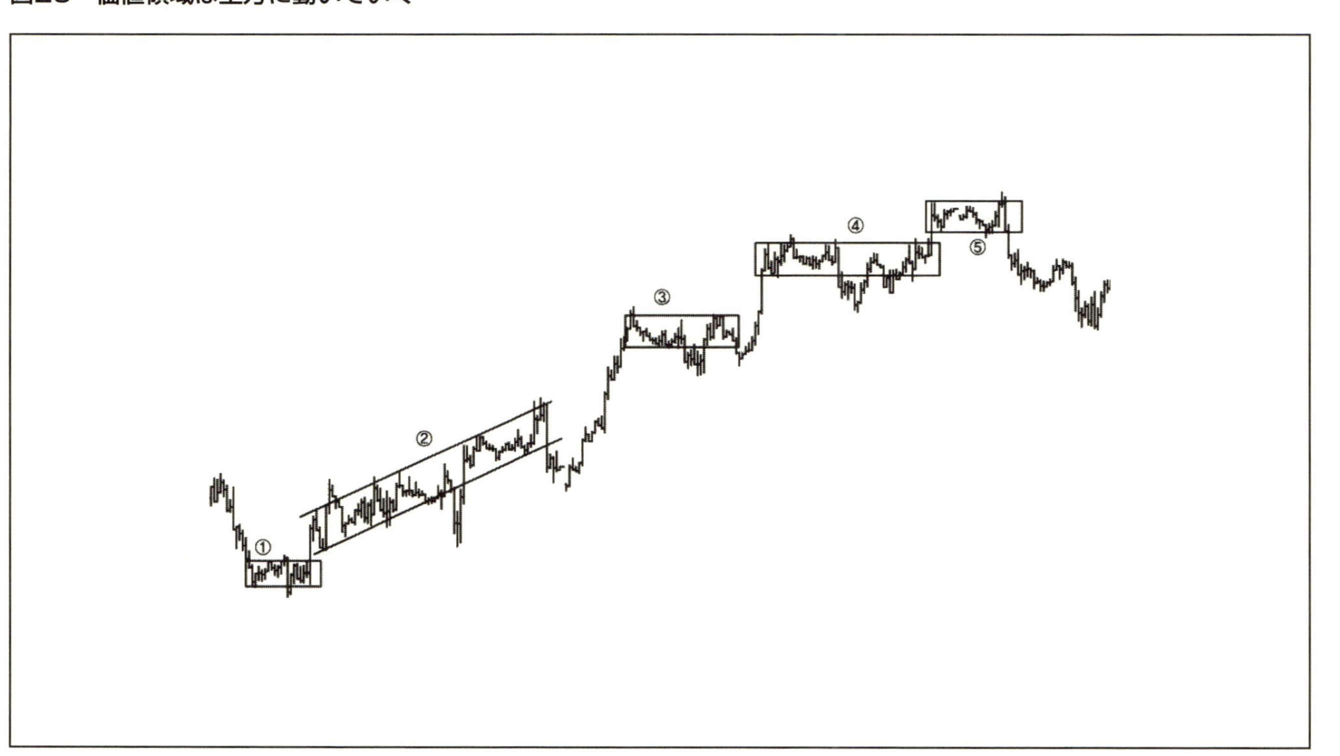

域のなかで起こっていることにすぐに気づくはずだ。

価値領域というものは必ず存在するが、それは市場に対する見方や使っている時間枠によって違ってくる。これまでに見てきた価値領域を基に、より大きな価値領域を作れるかどうかみることにしよう。

図20のチャートの価値領域は価格が徐々に上昇している。②の価値領域は、**図19**のチャートで見たような移動する価値領域だ。そのほかの価値領域では需要と供給が均衡状態にあるため、価格は横ばいになっている。水平の価値領域については第２章ですでに説明した。

価値領域のコントロールプライスについては、価格はコントロールプライスを中心に上下しながら、横ばい状態にあることはすでに述べたとおりである。

図20のチャートに見られる価値領域は、移動するコントロールプライスを中心に上下動する小さな価値領域の集合体、または横ばいの動きの集合体と考えてもらいたい。

図21は、**図20**とまったく同じチャートだ。**図21**では、それぞれの価値領域には印を付けず、大きな価値領域のコントロールプライスラインを引いた。①から⑤の価値領域は上下動の中心となるこの支持線・抵抗線（コントロールプライス）に引き寄せられていることに注目しよう。上昇の起点となる①の小さな価値領域では、コントロールプライスは真ん中を走っている。小さな矢印で示したように、上の動きと下の動きはコントロールプライスに引き寄せられている。②の移動する価値領域はコントロールプライスの上にあるため、その下の境界は、矢印で示したようにこのコントロールプライスに強力な新たな意味合いを与えている。

③の価値領域は、超過価格がコントロールプライスの下にあるため、コントロールプライスは高い有効性を持つ。④の価値領域は価格がコントロールプライスの上に、⑤の価値領域は価格がコントロールプライスの下にあるため、コントロールプライスにさらに重要な意味合い

図21　移動するコントロールプライス

大きな価値領域のコントロールプライス

①
②
③
④
⑤

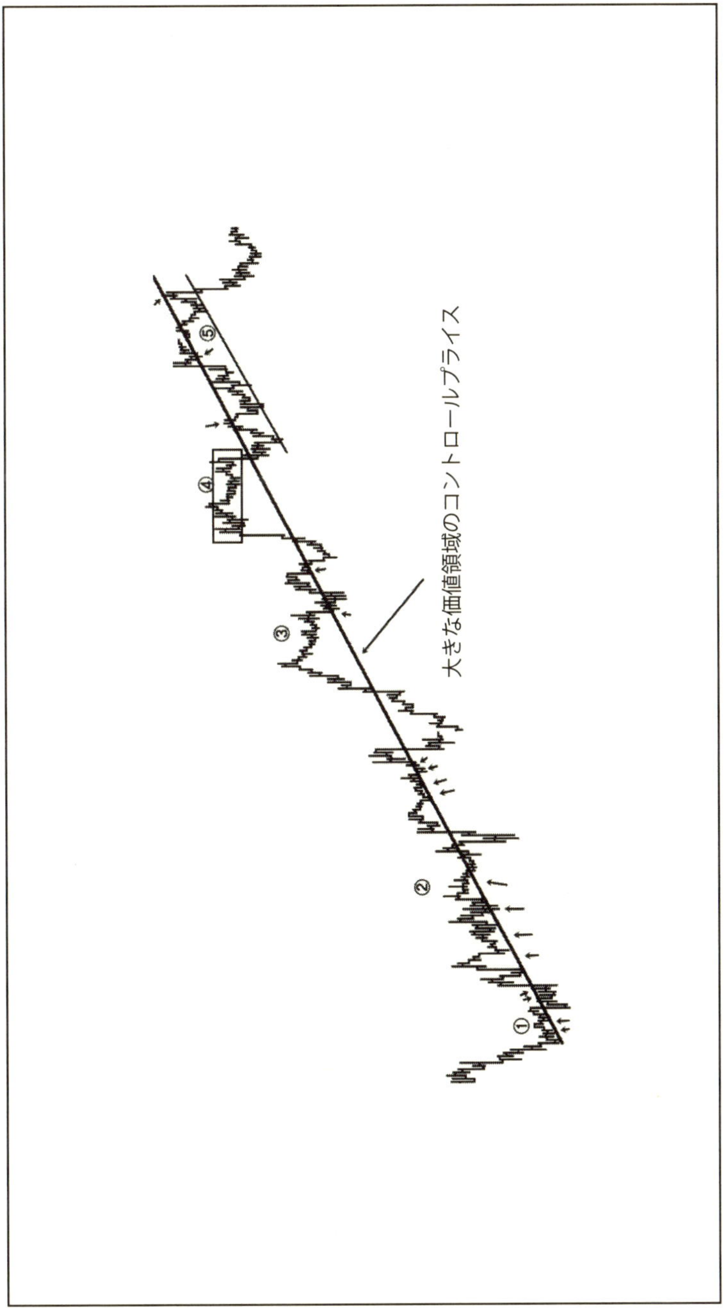

を与えている。①の価値領域と同じように、コントロールプライスはこれら２つの領域の真ん中を走っている。

④と⑤の価値領域は**図20**から少し変更した。コントロールプライスを引く前の**図20**では、④と⑤の価値領域は水平な価値領域としてラインを引いたが、コントロールプライスを引き、その価値領域の価格がコントロールプライスに引き寄せられているのを見たとき、⑤の価値領域は移動する価値領域にしたほうがよいと思ったからだ。

④の価値領域からは重要な意味のある上方への動きは見られない。チャート上で見たことを分析するとき、分析しすぎてはならない。コントロールプライスとそのラインを引くときに注意すべきことは第２章で述べたが、その注意点に従ってラインを引くことが重要だ。数学的な厳密さを求めてはならない。

コントロールプライスの別の例を見てみよう。**図22**のコントロールプライスは価値領域を横断している。④の価値領域は移動する価値領域だ。この領域の下の境界は見て分かるように、コントロールプライスと一致している。重要なのは、コントロールプライスの両側ではトレードが活発に行われていなければならないという点である。この活発なトレード活動が価値領域を形成するのである。コントロールプライスを引かなければ、④の移動する価値領域を２つの小さな水平な価値領域に分割していただろう。

コントロールプライスを引いて、価格がゆっくりと下落しているのを見たとき、④の価値領域は１つにまとめたほうがコントロールプライスがより有効性を持つと思ったので、④の価値領域は１つの移動する価値領域としてまとめた。コントロールプライスを**図22**のように引くと、④の移動する価値領域の下の境界はコントロールプライスと一致する。

これを見ると、大きな価値領域の強力なコントロールプライスを見つけられたと確信することができる。**図21**の例も**図22**の例も、トレ

図22　下降トレンドでのコントロールプライス

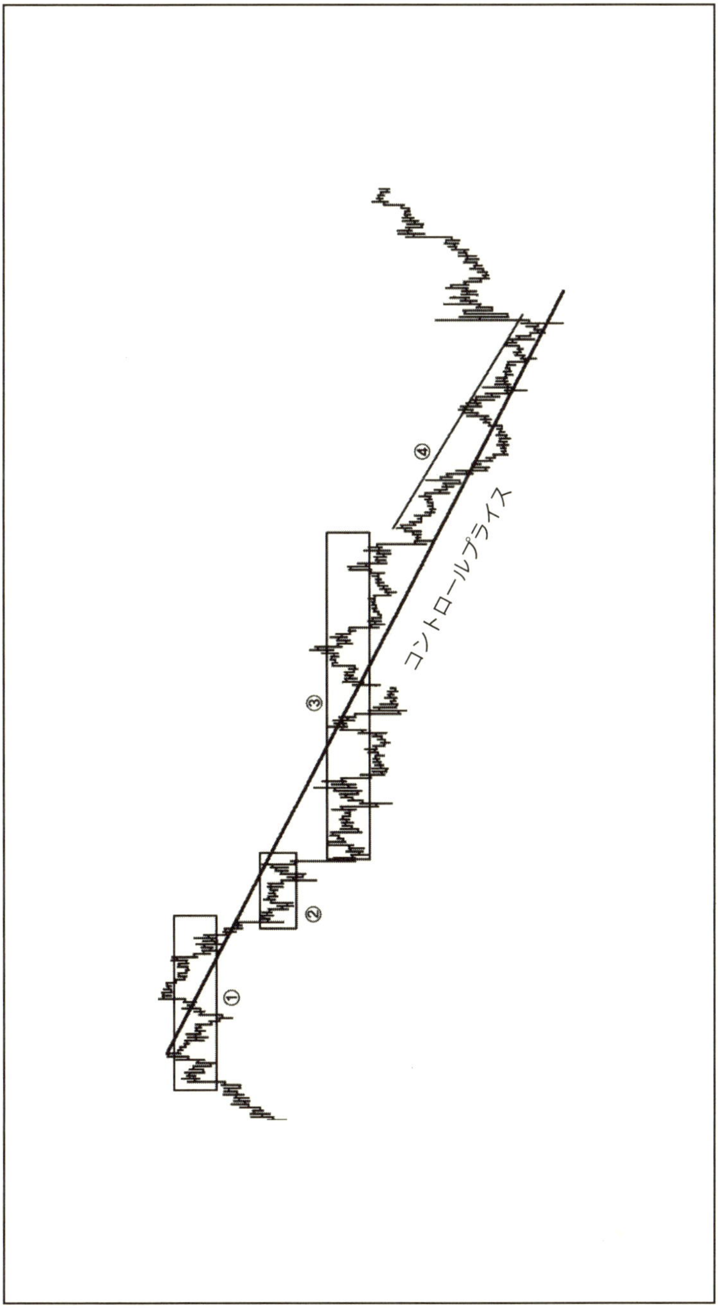

ンドの方向はこれらの移動する価値領域に従って変化している。これはけっして偶然ではない。これについては次の第４章で詳しく述べることにする。

時にファンダメンタルズに関するニュースが発表されたために値動きが不安定になるときがある。そんなとき、市場は大きな上下動を繰り返すため、コントロールプライスをうまく見つけられないこともある。

価格の通常の動きは、一方向に進み、止まり、保ち合い状態になって、価値領域が形成され、逆行し（調整局面）、そのあと再び元の方向に戻るという順序で起こる。しかし、価格が大きく上下動すると、論理的なコントロールプライスを見つけるのが難しくなるため、もっと長い時間枠を見たり、あるいは何かほかのものをトレードする必要があるかもしれない。

価値領域の上の境界と下の境界および超過価格

第２章で紹介した価値領域と同じように、これら大きな価値領域にも、上と下の境界と超過価格が存在する。ロジックは第２章の価値領域とまったく同じだが、大きな価値領域を確定するためには、複数の水平か、移動する価値領域からなる大きな価値領域の境界やコントロールプライスを見つけなければならない。

図23のチャートを見てみよう。水平な価値領域のときと同じように、上と下の境界、超過価格が姿を現している。唯一の違いは、この価値領域は非常に大きいという点である。コントロールプライスに引き寄せられるそれぞれの価値領域は、それぞれが成熟した単独の価値領域だ。通常の水平な価値領域と同じように、超過価格は上の境界の上や下の境界の下に突き出ている。価値領域のなかに空白スペースがあることに注目してほしい。チャートの左端にある大きな価値領域のスタ

図23　大きな価値領域

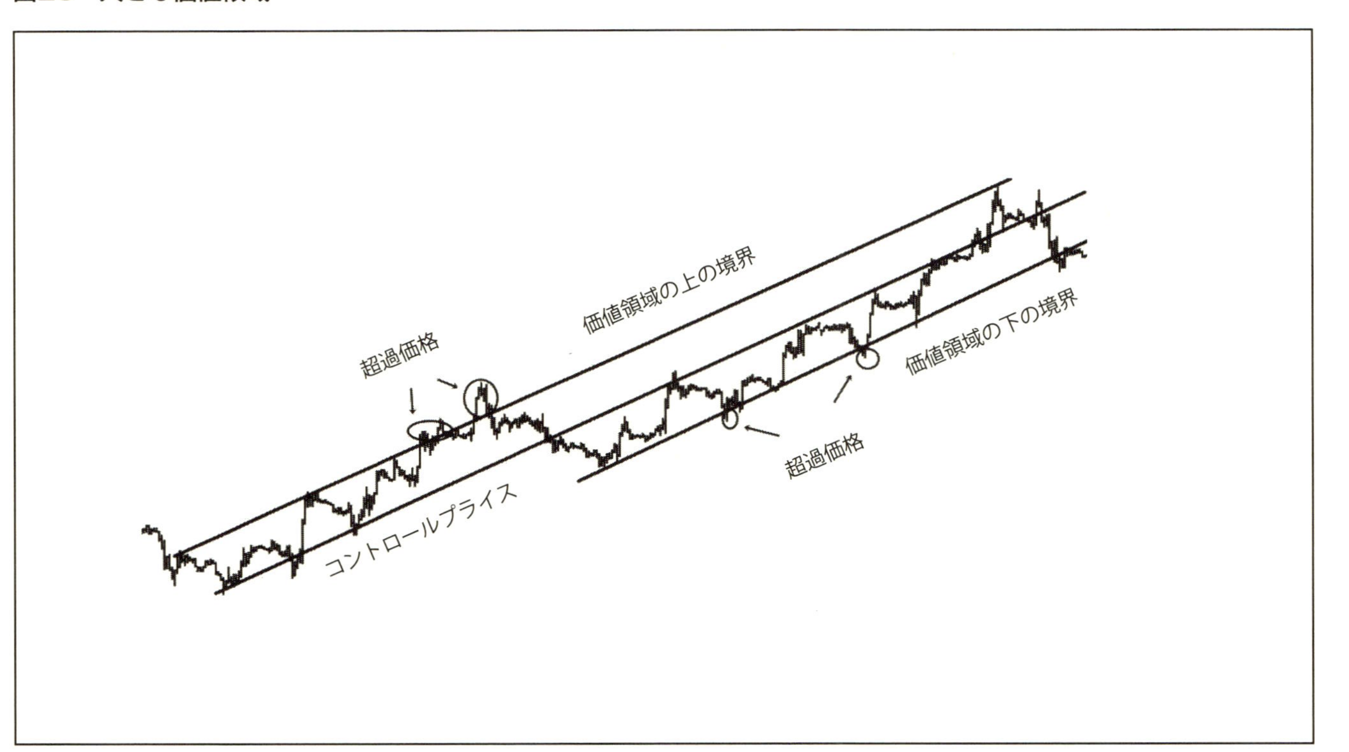

ート地点では、コントロールプライスの上でトレード活動が活発に行われ、その下には空白のスペースがある。

これは上昇トレンドの特徴である。ここでは、買い手が支配権を握り、需要が供給よりも多い。本書の冒頭で述べたことを覚えているだろうか。市場は、買い手と売り手の間でのトレードが円滑に行われるように動くということである。コントロールプライスの下でトレードがまったく行われなければ、市場はそれらの価格帯でトレードを促すことができなかったことを意味する。また、そこでは買い手が非常に強く、売り手はその価格帯では市場に参入する気がないことを意味する。価格がコントロールプライスに達するとすぐに、買い手は市場に参入して価格を押し上げる。

図23のチャートを見ると分かるように、コントロールプライスの上の価値領域では市場はトレード活動を促すため、トレード活動が活発になる。なぜなら、これらの価格帯は売り手の関心を喚起し、売り手が市場に参入してくるからだ。

しかし、価値領域の途中で状況は一変する。今度はコントロールプライスの下でトレード活動が活発化し、その上ではトレード活動がなくなる。価格が十分に上昇したため、売り手はそれをトレード機会とみなして市場に参入し、そのため供給が増えたわけである。彼らは価値領域の上の境界近くではなく、コントロールプライス周辺で売り注文を出す。これは大きな価値領域の前半で起こったことと同じである。これは明らかに上昇トレンドだが、買い手は価格をコントロールプライス以上に押し上げることはできず、価格は価値領域の上の境界には達することはできない。これはこの上昇トレンドにとって良いサインではない。トレンド終了の判定方法については次の第４章で説明することにする。

図24のチャートを見てみよう。まず価格がどこで止まったり、反転したりしたかを見て、価値領域を探し、コントロールプライスを引い

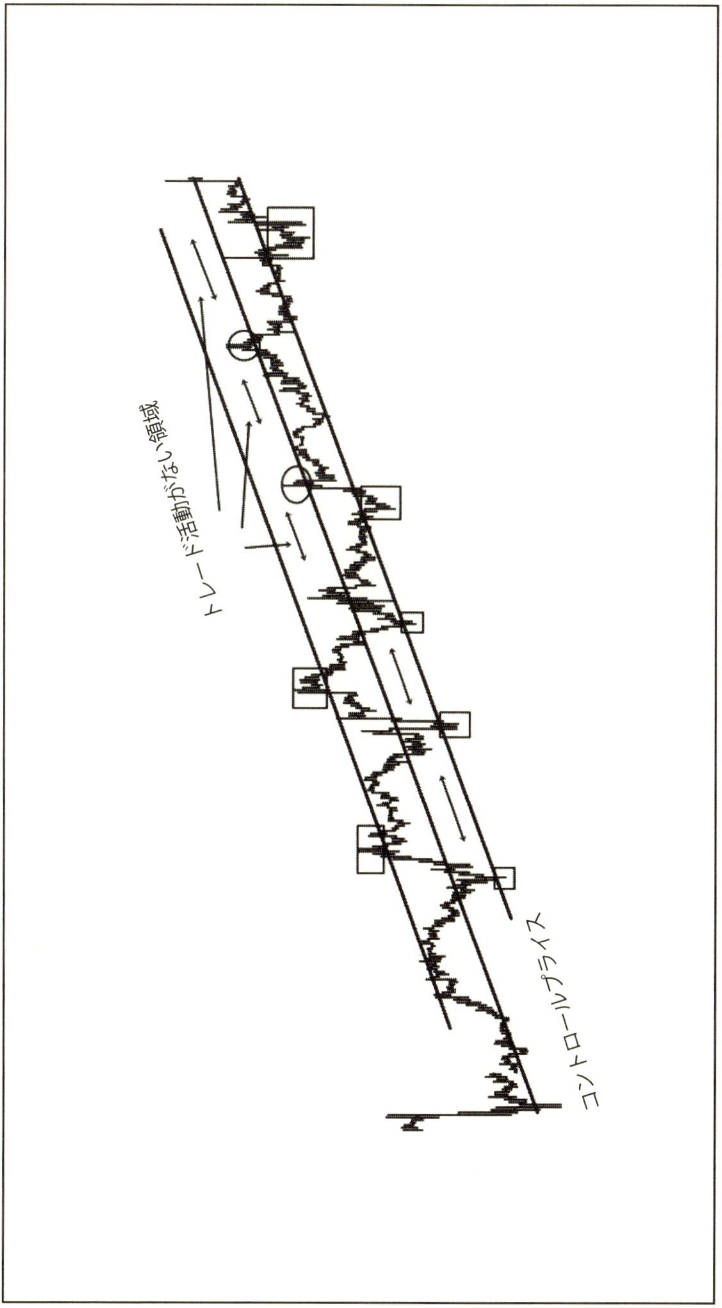

図24　大きな価値領域の例

トレード活動がない領域

コントロールプライス

た。次にトレード活動が活発な領域を含むように価値領域の上と下の境界を引いた。

そして、上の境界と下の境界の上と下に突き出ている超過価格に印を付けた。上昇トレンドのスタート地点では、コントロールプライスの上よりも下のほうであまり活発でないトレードがたくさん行われている。この領域は売り手にとって有利な価格帯ではなく、売り手があまり関心を持っていないので、市場はトレードを促すことはできない。つまり、この価格帯では、買い手のほうが売り手よりも多いということになる。超過価格の位置も需要と供給の力学を見るうえでのヒントを与えてくれる。

価値領域の下の境界では需要が多く、価格がその領域に達するたびに、買いテールや超過価格が発生している。逆に、価値領域の上の境界の超過価格では供給、つまり売り注文が多く出てきている。超過価格は長期トレーダーの足跡を示していることに注意しよう。価値領域の上や下にある超過価格の数を数え、価格が超過価格の上や下でどのくらいそこにとどまったかを見ることで、その時点でのバトルの勝者がだれなのかを知ることができる。

しかし、状況はすぐに変化する。大きな価値領域の後半では、トレード活動の少ない領域は、今度はコントロールプライスの上で発生している。コントロールプライスの上のこの領域は、市場がトレードを促せない領域で、これは両方向の矢印で**図24**のなかに示しているとおりである。

これはなぜなのだろうか。それは、この領域にはもう買い手がいないからである。コントロールプライスと価値領域の下の境界の間でだけトレードが活動に行われている。これは、需要や供給がどこにあるのかについてのヒントを与えてくれる。今、供給はコントロールプライスの位置にあり、需要は価値領域の下の境界にある。さらに、コントロールプライスがリジェクトされている箇所が２つある。チャートなかに丸で囲んだスパイクの部分がそれに当たる。

上昇トレンドですべてのトレード活動がコントロールプライスの下で発生し、売り手がコントロールプライスの位置でアグレッシブに市場に参入しているということは、この上昇トレンドはそろそろ終了するという明確なサインが点灯しているということだ。

図25のチャートは、価値領域が徐々に下降していく下降トレンドを示している。価値領域の下よりも上に超過価格が多いことに注目しよう。これが、下降トレンドの特徴だ。下降トレンドでは、売り手が支配権を握っており、それは価格が価値領域を離れるときにはっきりと分かる。売り手にとって見逃すことのできない良い価格がたくさんある。それが価値領域の上にある四角で囲んだ領域であり、ここで売り手は市場に参入して、そのためその領域では供給が増える。

真ん中のラインがコントロールプライスだ。価値領域の上や下の境界に沿って両方向の矢印があるが、これは大きな価値領域のなかにある小さな価値領域を示している。大きな価値領域については本書を通じて議論していくが、今のところはチャート上で大きな価値領域を見つけることに集中してもらいたい。

「ここで再び本書を読むのを中断して、あなたのトレードプラットフォームを開こう。価値領域がチャートのなかでどのように移動していくのか、そして、価値領域がコントロールプライスにどのように引き寄せられているかを学習しよう。チャート上に、コントロールプライスや大きな価値領域の上と下の境界を引いたり、超過価格を囲む練習をしよう。上昇トレンドや下降トレンドで超過価格やトレード活動の盛んな領域がどこにあるのかを見つけよう。価値領域の上と下にある超過価格を比較して、価値領域内のトレード活動が最も少ない領域を見つけよう。大きな価値領域のなかにある移動する価値領域を観察して、価格のこれらの振る舞いとトレンドの終点がどのように関連があ

図25　下降トレンドにおける大きな価値領域

るかを確認しよう」

第4章　トレードでの応用

Use In Trading

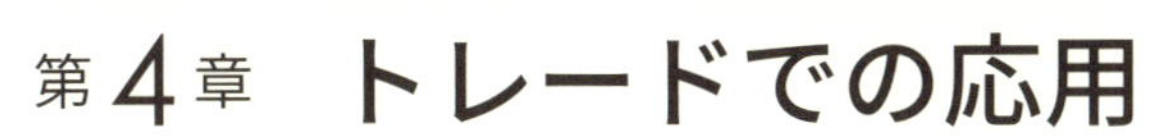

これまでの練習を確実にこなし、価値領域やその上と下の境界、コントロールプライス、超過価格などを見つけることができるようになった今、これまで学んだ概念をいよいよ実際のトレードで応用するときがやってきた。あなたはこのときをどんなに待ちかねていたことだろう。しかし、その前にもう１つ言っておかなければならないことがある。それは市場における一定の価格帯のリジェクトをどう判断すればよいかである。

リジェクト

プライスアクションを読んで価格帯のリジェクトを判断するこれまでの方法では、ローソク足やバーパターンや価格パターンを使う必要があった。ここではリジェクトを判断する最も効果的な方法を紹介する。従来の方法とここで紹介する方法に共通点はあるのだろうか。

図26のチャートで矢印で示した、周囲のプライスアクションから突出したこの１本の足は「ピンバー」と呼ばれ、市場の反転ポイントを確認する最も効果的な足（あるいは、バー）である。バーチャートではなくてローソク足チャートを使っているのなら、これが「カラカサ（ハンマー）」と呼ばれる足であることはよくご存じのはずだ。

ピンバーとカラカサ（ハンマー）はまったく同じものであり、呼び方が違うだけである。この足は周囲のプライスアクションの範囲内で寄り付き、そのあと急上昇して、抵抗線に遭い、素早く下落し、周囲のプライスアクションの範囲内で引けるが、終値は寄り付きよりも安く引けるため、この終値以上の水準はリジェクトされたことを示している。トレードが初めてではない人は、この足はこれまでチャート上で何度も見たことがあるはずであり、トレードでも使ったことがあるかもしれない。

このピンバーが強力なのは、この足が周囲のプライスアクションか

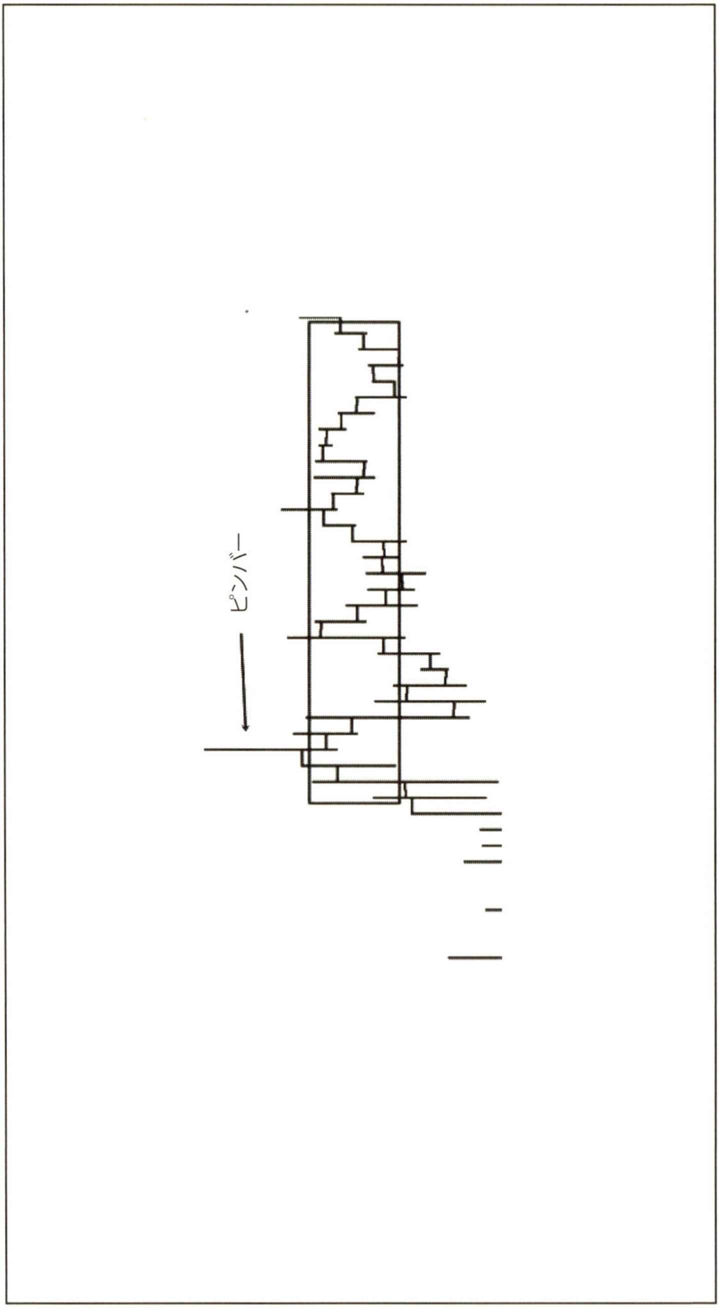

図26　リジェクトを示すピンバー

ら突出しているからである。その足の右側にも左側にも何もない。周囲のプライスアクションは長方形で囲んでいる部分に収まっている。これから私が言わんとしていることはおおよその見当がつくのではないだろうか。そう、この周囲の価格帯は価値領域に相当し、ピンバーは超過価格のテールに相当するということである。つまり、売り手が市場に参入して価格を価値領域のなかに引き戻そうとしているということである。

図27のチャートの①から⑤はすべて、一定の価格帯のリジェクトを示す足やバーパターンだ。このうち①と③はピンバーで、②はバーパターン（ローソク足パターン）である。②のローソク足パターンの考え方は次のとおりである――価格は最初の足で急落するが、そこで強い支持線に遭い、そのあと横ばいを続ける。これは、この価格帯が売り手にとって魅力的ではないことを示している。そして、最後の足はその前の複数の短小線を下回るが、そこで強い需要を見つけ、再び勢いよく上昇する。

これは、この価格帯では需要が供給を上回り、買い手が市場に参入したことを示している。前に述べたピンバーとの共通点は何だろう。価値領域は短小線からなる短期間の横ばいであり、そのあと価格は価値領域を下回って強い需要を引き付ける。これは応答的トレードであり、そのあと価格は価値領域に引き戻され、そして主導的トレードで価格をさらに押し上げて価値領域から遠ざかる。

最後の足の下げは超過価格のテールだ。これらのローソク足パターンは、価格が極値にあり、その周りにトレード活動がないときに最も効果を上げる。④のローソク足パターンでは、２番目の足は最初の足の高値を上回って上昇したが、最初の足の下半分以下で引ける。したがって、このパターンは非常に強力だ。これは価値領域の上に超過価格が発生していると見ることができる。

⑤は、２番目の足が最初の足を包み込む包み足パターン（アウトサ

図27　リジェクトを示す足とバーパターン

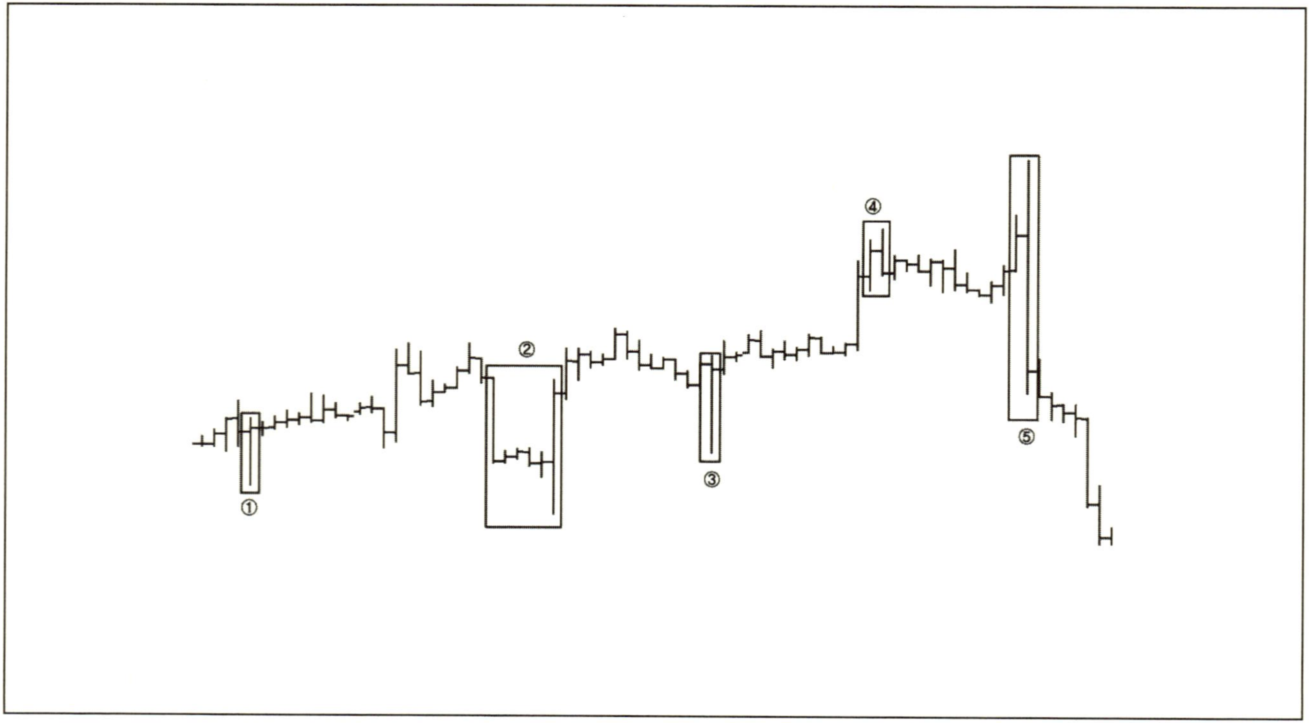

イドバー）で、これはボラティリティが上昇したことを示している。そして、売り手が市場に参入したことを意味する。この価格帯では供給が増えるため、２番目の足は長大線になる。このパターンを長方形で囲めば、明確な価値領域が形成されていることが分かる。このパターンは価値領域の上にテールがあり、価値領域の下に主導的な動きがあるパターンだ。

図28のチャートの左端のパターンは、天井圏における揉み合いパターンで、価格は横ばいの高値に何度か達したあと急落している。これはダブルトップパターンか、トリプルトップパターンとみなすことができるが、違いは、価格が反転する前に何回、価値領域の上の境界を試しているかである。同じ高値まで上昇した丸で囲んだ値動きがスパイクのように周辺価格よりももっと突出して上抜いていれば、超過価格になっていただろう。天井やスパイクは価値領域の上で発生するのが普通だが、ここでは売りのテールが発生している。長方形で囲んだ部分が価値領域である。

右側のパターンはヘッド・アンド・ショルダーズ・パターンだ。最初と最後の丸で囲んだ部分が両肩で、真ん中の高くなっている部分がヘッドである。これは反転パターンのなかでも最もよく知られたパターンだろう。このケースの場合、価格がパターンのネックラインを下回ったときに売る。価値領域の下の境界がネックラインだ。チャートを見ても分かるように、これもまた上に超過価格を伴った価値領域にほかならない。

しかし、価値領域のリジェクトメソッドを使うのはなぜなのだろうか。

前にも述べたように、チャート上に引いた線よりも値動きの背後にある根本的な概念に注目することのほうがより重要だ。

上に述べたような価格パターンやローソク足パターンを覚えることは非常に簡単で、値動きを通じて需要と供給を分析するよりも簡単な

図28　反転パターン

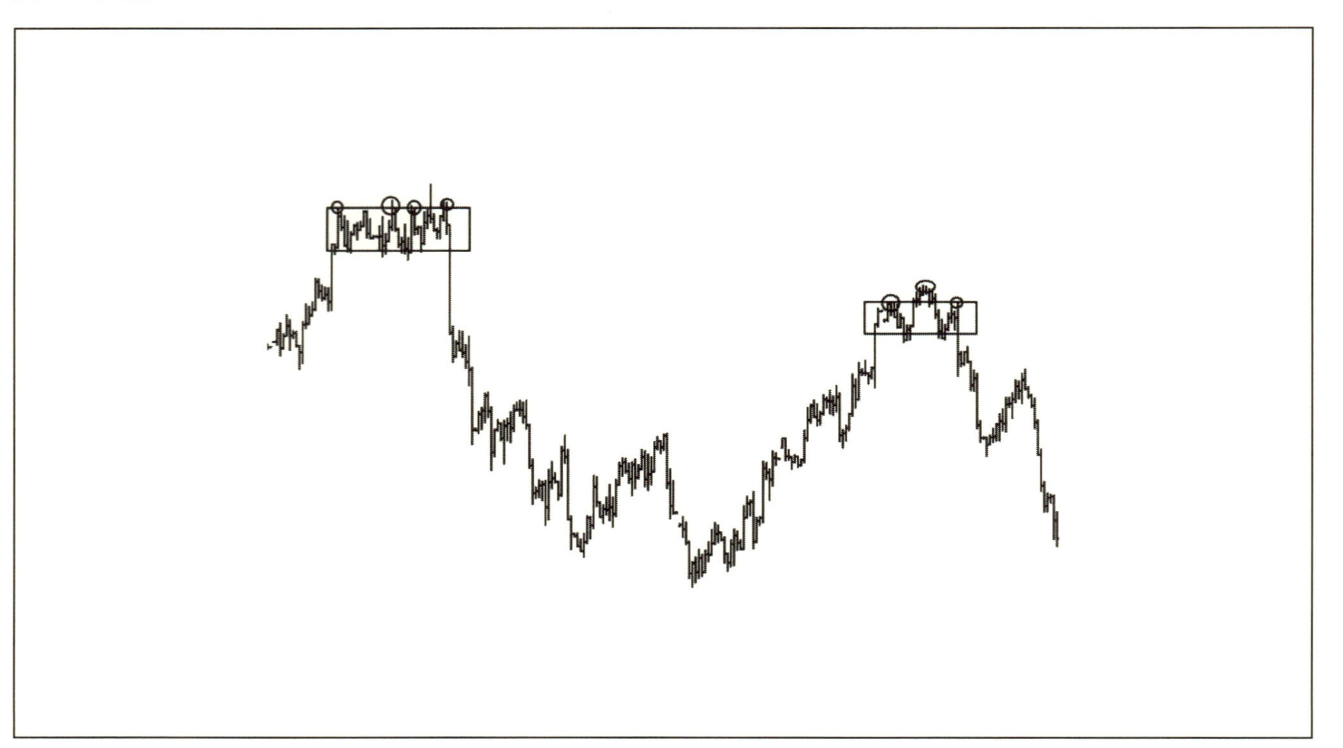

ため、そちらのほうになびくことは否めない。しかし、市場に参入しようというときに、こうしたリジェクトパターンを見なくてどうするというのだろうか。リジェクトパターンはよく起こる。リジェクトが期待される水準の相互作用は、必ずしも通常の価格パターンやローソク足パターンをもたらすわけではない。**図28**のチャートの最後の例を見ると、ヘッド・アンド・ショルダーズ・パターンのヘッドが形成される前に肩が３つ形成されるかもしれないし、ダブルトップやトリプルトップはテキストどおりには現れないかもしれない。市場はボラティリティが高くノイズも多いため、ヘッド・アンド・ショルダーズ・パターンやダブルトップやトリプルトップを見つけられないかもしれない。

これはリジェクトが存在しないという意味なのだろうか。そんなことはない。これは簡単に認識できるパターンがないか、従来のパターンがまったくないということである。リジェクトが期待される水準の超過価格やテールのある価値領域を、あなたが見つけられれば問題はない。そもそも起こらないパターンを待つ必要があるだろうか。また、１つの足やローソク足が形成されるよりも価値領域が形成されるまでには時間がかかるという事実も、このリジェクトアプローチが有効な理由の１つである。

このリジェクトアプローチは次のように使う。私たちがトレードしたい価格帯で、トレードに用いる時間枠よりももっと短い時間枠を使い、超過価格やテールを持つ小さな価値領域が形成されるのを待つ。超過価格やテールはその価格帯がリジェクトされたことを示すものだ。超過価格よりもテールのほうが好ましい。なぜならテールのほうがリジェクトされていることが早く、かつ明確に分かるからである。次にその短い時間枠で、価値領域から離れると同時に価格がリジェクトされた水準からも離れる主導的な動きが発生するのを待つ。主導的な動きが価値領域の境界をブレイクしたときには仕掛けない。なぜなら、価値領域が形成されるときにはダマシのブレイクアウトが発生することが多く、それは実際のトレードで見極めることは難しいからである。

価値領域から離れる主導的な動きに見えても、すぐに価値領域に引き戻されて、リジェクト水準を再び試すといったことが起こることもある。価値領域に引き戻される応答的な動きが起こり、そのあと最初の方向に主導的な動きが起こることで、その主導的な動きが確認できたときのみ仕掛ける。これについてはこのあと説明する。

フレームワーク

本書を読んだあと、やはりこの方法は自分には向かないと感じたり、ほかの方法を使ったほうがトレードの意思決定をやりやすいと思ったとしても、トレードするときには大局を見ることが重要だ。例えば、5分足チャートを見ただけで、もっと長い時間枠では何が起こっているのかを知ることもなく、やみくもにトレードすることほどバカげたことはない。

長い時間枠は短い時間枠の値動きに大きな影響を与える。あなたがどういったトレードシステムを使っていようと、必ず長い時間枠を見て、それに支持線と抵抗線を引いてみることが重要だ。これは多くの負けトレードからあなたを必ず守ってくれる。

価値領域の概念は、非常に強力な支持線と抵抗線を提供してくれるものだ。そのあと短い時間枠に戻って、リジェクトをトレードすることができれば、トレードの意思決定を行うときの良いガイドラインとしても使える。こうしたフレームワークは価格の全体像、つまり市場構造を見るのに有効に使えるだけでなく、こうしたフレームワークを使うことで最良の意思決定を行うことができるのである。

図29のチャートを見てみよう。これは日足チャートなので非常に大きな水平の価値領域が形成されている。例えば、あなたがスイングト

図29　長い時間枠での価値領域

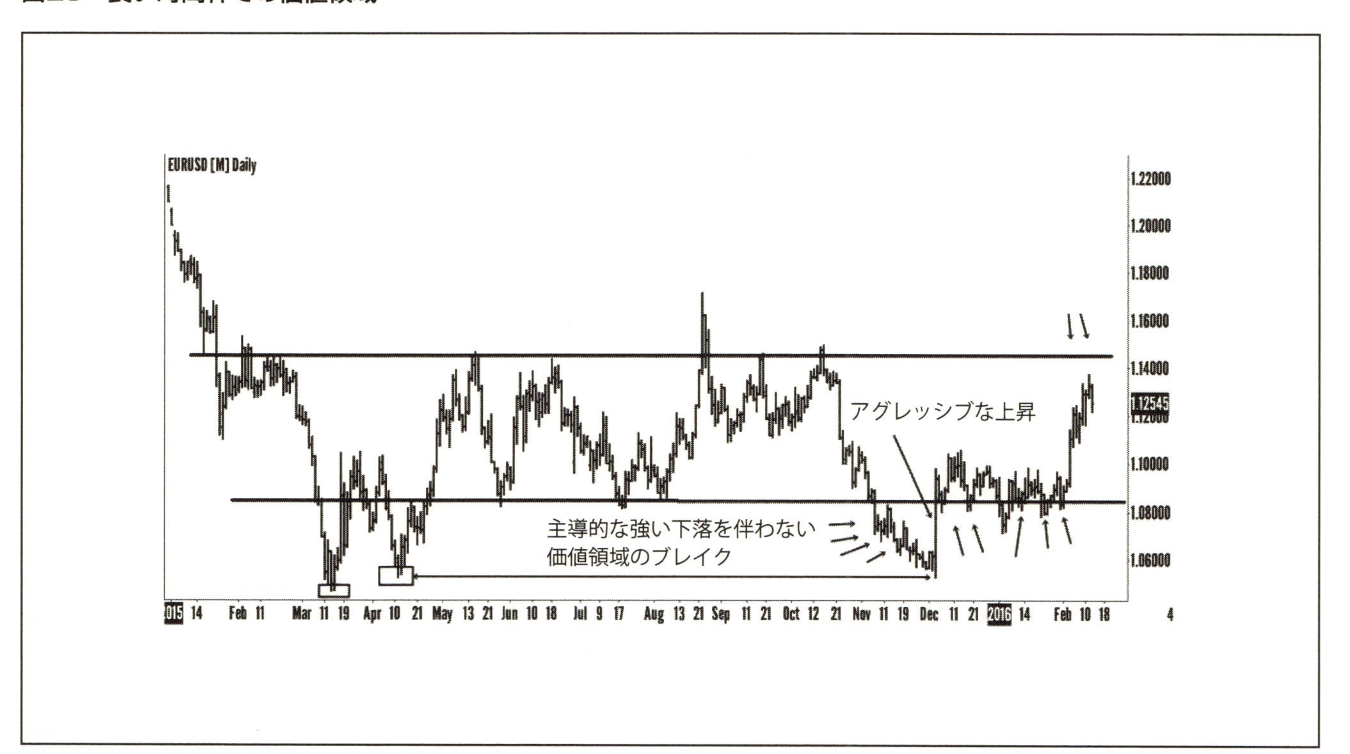

レーダーで４時間足でトレードしたいと思っているとした場合でも、日足チャート上で価値領域に印を付けておけば、チャートの右下の矢印で示したところの価値領域に価格が引き戻されてきたときに、それが便利に使えるだろう。４時間足チャートだけを見ていれば、強いアグレッシブな上昇のあとでは深い押しがあると信じてしまったはずだ。なぜならこの大きな水平の価値領域は４時間足チャートでは見ることはできないからだ。この価値領域は４時間足チャートで見るには大きすぎるのだ。しかし、価格は価値領域にゆっくりと引き戻され、価値領域の下の境界が強い支持線となったため、深い押しは発生することはなかった。価値領域に引き戻されるアグレッシブな上昇は次のようにして予測できたはずだ。価値領域は価格を引き付ける。価格が価値領域から遠ざかると、トレード機会が生まれる。前にも述べたように、価値領域から遠ざかる動きは「主導的な動き」である。価値領域から遠ざかる主導的な動きがどんなものかはすでに述べた。価値領域から下方にブレイクするときに強い主導的な動きがあるだろうか。ない。大きな需要がチャートの左側の小さな長方形で囲んだ安値水準で満たされるまで、価値領域はゆっくりと下方に動いているだけである。

これをまとめると次のようになる。

①価値領域を下にブレイクしたが、それがさらなる下落を引き起こすかどうかはまったく確信が持てない。この下へのブレイクは価値領域から遠ざかる主導的な動きの特徴を持っていないからだ。それはゆっくりと移動する価値領域にほかならない。こういった価値領域が形成されたあとでは、価格の方向は変わることが多い。

②価値領域は価格を引き付ける。したがって、価値領域から遠ざかるような弱い動きは、価格を価値領域に引き戻そうとする応答的な買いを生む。

③チャートの左側には安値を付けたスイングが見られる。これらは買

いのテールだ。前にも述べたように、これらのテールは非常に強い支持線や抵抗線になる。なぜなら、それらは市場に参入した長期トレーダーの足跡を示しているからだ。これらのテールは供給と需要の水準を示している。

価格を価値領域に素早く引き戻そうとするアグレッシブな上昇の動きは、この水準で市場に参入しようとする長期トレーダーの明確な足跡と見ることができる。価格が価値領域から勢いよく離れようとする動きは、長期トレーダーによる主導的な動きを意味する。価値領域に引き戻される動きは応答的な動きで、主導的な動きほど強くない。買い手が市場に参入しているのが分かると思うが、買い手はたった１日で価格を価値領域に引き戻している。

これが価格を価値領域に引き戻そうとする応答的な動きに見えるだろうか。ノーだ。これは、安値を買い場ととらえた長期の買い手による強力な主導的な動きである。長期の買い手は価値領域から離れる主導的な動きに応答して市場に参入したのではなくて、彼は主導権を握り、彼が使っている時間枠で見たときに存在する大きな価値領域の上の境界から価格を引き離そうとしたのである。主導的な動きと応答的な動きは各トレーダーの考え方に依存するのである。

これはあなたがトレードしている時間枠よりも長い時間枠で分析することが大きな助けになることを示す１つの例である。こうした分析はあなたにとって本当に必要なフレームワークを与えてくれるものだ。今のこの状況においては、テール水準での買いは確信が持てなかったとしても、そこで売るべきではないことは確信できたはずだ。

図30のチャートは長い時間枠で分析することで、より良い意思決定が行えることを示す別の例である。短い時間枠でのデイトレードが自分には向くと思うのであれば、４時間足のようにもっと短い時間枠で分析を始める必要がある。長い時間枠で大きな価値領域を見つけられ

図30　フレームワークはより良い意思決定を行ううえで重要

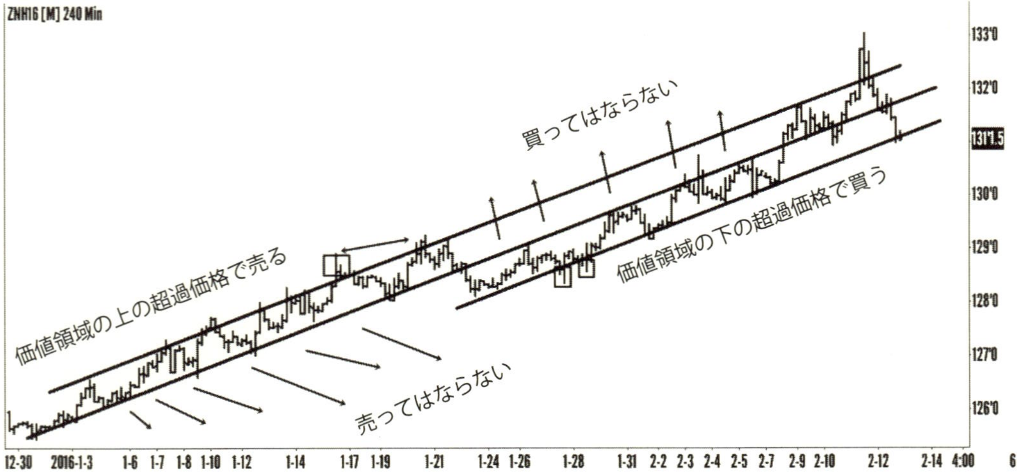

れば、15分足や30分足といった短い時間枠ではもっと確実にトレードすることができる。長い時間枠での分析は、トレードするうえでの最良のフレームワークを与えてくれるのである。どこで売ればよいのかや、どこで買えばよいのかが明確に見えてくる。

一般に、買うべき場所は価値領域の下の超過価格や価値領域の底、あるいは価値領域の下の境界とコントロールプライスの間の領域である。売るべき場所は価値領域の上の超過価格や価値領域の天井、あるいは価値領域の上の境界とコントロールプライスの間の領域だ。価値領域の上の超過価格で買ってはならないし、価値領域の下の超過価格で売ってはならない。本書の冒頭でも述べたように、私たちは長期トレーダーの振る舞いに倣う必要がある。

状況が私たちにとって有利に働くとき、つまり価格が私たちの予想どおりに動く可能性があるときに売買するのがベストだ。したがって、供給が最大になる価値領域の天井や価値領域の上の超過価格で売らなければならないのはこのためであり、需要が最大になる価値領域の下の超過価格や価値領域の底で買わなければならないのもこのためだ。

図30の長方形で囲んだ価値領域の上のテールに注目しよう。ここは強力な供給ゾーンであり、強い抵抗線でもある。価格はそこから平均に回帰し、そのあと再び価値領域の上の境界まで上昇している。価値領域の上の境界はチャートの一番上の斜めの上昇ラインとして描かれているが、この価格帯はテールの価格帯とほぼ一致する。これを「コンフルエンスゾーン」と言う。これまでに私の書いたものを読んだことがある人やトレード経験がある人は、コンフルエンスの意味やそれがどれほど強力なものであるかはご存知のはずだ。価値領域の上の境界と、それと同じ水準にあるテールはいろいろなファクターが重なり合う場所だ。このコンフルエンスゾーンはこの価格帯を強力なものにし、その価格帯のリジェクトで売らなければならない２つの理由を与える。

理由その一は、価格は価値領域の上の境界に達したあと、少なくともコントロールプライスまで下落する可能性が高いからだ。理由その二は、この価格帯はその前に発生したテールと水準的に一致し、強力な抵抗線になるからだ。売り手は、価値領域の上の境界で売り注文を出さなければならない理由がもう１つある。それはその位置では供給が増すため、売れば利益が出る可能性が高いからである。

もしこれを長い時間枠で見なければ、この価格帯にコンフルエンスゾーンが発生することは分からないだろう。そして、おそらくはその価格帯で売り注文を出すことに十分な確信を持つことはできなかっただろう。

トレンドとトレンドの転換を見極める

「トレンドはあなたの友だち」。このことわざは幾度となく聞いたことがあるはずだ。私も何回も聞いた。もしトレンドが私たちの友だちなら、それを知ることが最も重要なことではないだろうか。プライスアクションからトレンドを見極める従来の方法は、高値と安値に印を付け、高値が切り上げられたり、安値が切り上げられると、それは上昇トレンドであることを意味し、逆に高値が切り下げられたり、安値が切り下げられると、それは下降トレンドであることを意味するというものだ。また、高値が切り上げられたり、安値が切り上げられたあと、高値が切り下げられたり、安値が切り下げられたりした場合、上昇トレンドから下降トレンドに転換したことを意味する。こうしたプライスアクションについては以前の本で説明したが、トレンドについてよく知らない人のために説明しておこう。

図31のチャートは明らかに下降トレンドだ。下向きの矢印は高値が切り下げられていることを示し、上向きの矢印は安値が切り下げられていることを示している。チャートの右端では安値が切り上げられて

図31　高値と安値でトレンドを見極める

いることが確認できるため、これは下降トレンドから上昇トレンドに転換したことを示している。安値の切り上げを確認するためには、次の動きが上昇の動きでなければならない。

これはトレンドを判断する非常に強力な方法だ。しかし、価値領域、超過価格、コントロールプライス、主導的な動きや応答的な動きを分析すれば、トレンドに関してもっと多くの情報を得ることができる。これは前に述べた方法の代わりになるものではなく、両方の方法を使って確認するのがよい。

つまり、これらの方法は補完的なものということである。2つの異なる分析方法を使って同じ結論が得られれば、トレードするときにより一層自信が持てるはずだ。**図31**にこれまでに学んだことのすべてを印を付けてみるとどうなるだろうか。

図32のチャートには、大きな価値領域、その上と下の境界、コントロールプライスを示すラインを引いた。これらを分析することでどういったことが分かるだろうか。

①**価値領域**　それぞれの価値領域は前の価値領域よりも下の価格帯に形成されている。これは明らかに下降トレンド。

②**コントロールプライス**　コントロールプライスは下降している。これも下降トレンドを示している。

③**トレード活動の位置**　チャートの右下では、トレード活動はコントロールプライスと価値領域の上の境界の間である価値領域の上部で行われている。これは下降トレンドを示す特徴ではない。さらに、コントロールプライスと価値領域の上の境界の間で価格の上下動が次第に活発になっている。下降トレンドで価格の上下動が次第に活発になり、それが価値領域の上部で発生していると、トレンドが終了する合図になる。上下動が活発になればなるほど、価値領域がブレイクされる可能性は高まる。それはなぜなのだろうか。それは市場

図32　価値領域を使ったトレンド分析

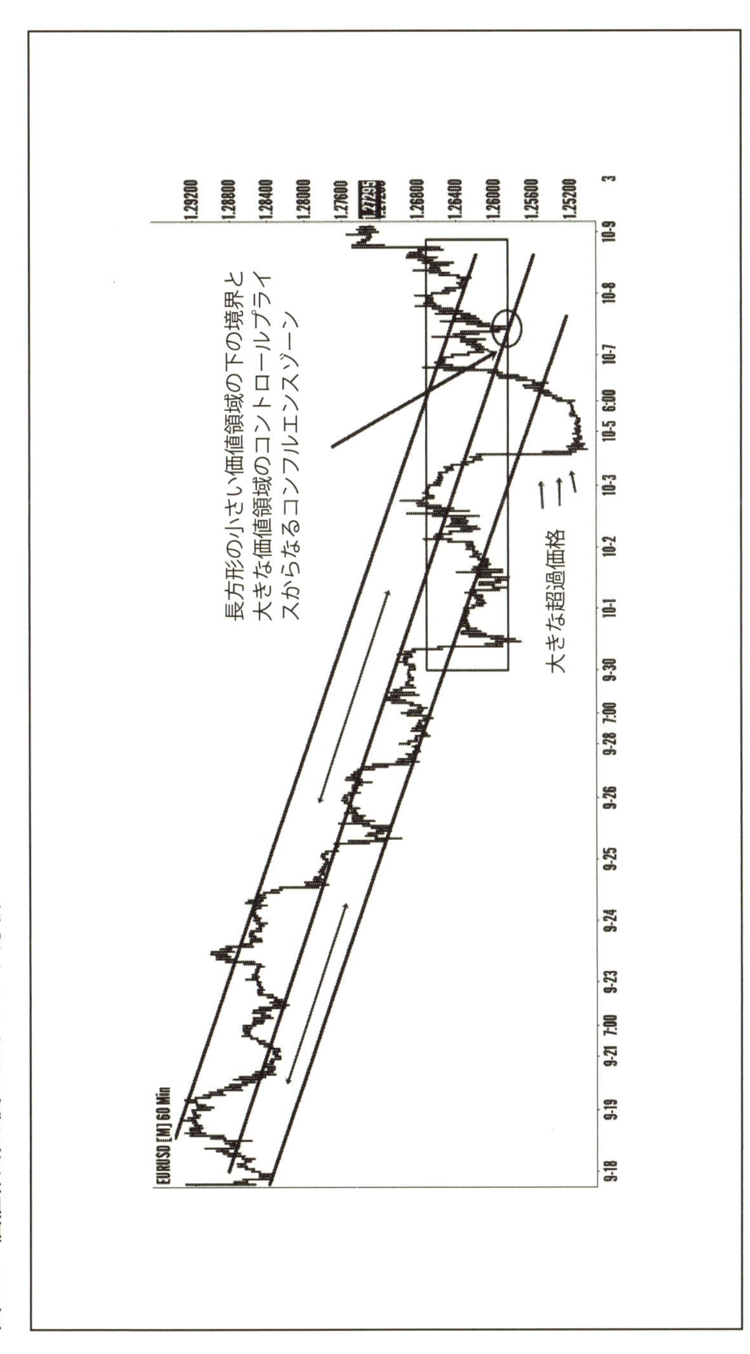

が効率的になり、買い手と売り手の間でトレードが促進されるからである。市場はもう、価値領域の下の境界から上の境界の間で上下動して、需要と供給を見つける必要がなくなるからだ。このチャートでは、需要と供給は価値領域の上の境界とコントロールプライスの間の狭い領域で発生している。このような状況で起こり得ることは1つしかない――だれかがバトルに勝利し、価格の上下動は止まり、価格は価値領域から引き離されていくということだ。コントロールプライスの下ではトレード活動はないため、市場は上昇するしかなく、価値領域の両側でのトレードが行われるためには、価格を引き付ける新たなコントロールプライスを見つける必要がある。今、コントロールプライスと価値領域の上の境界の間である価値領域の上部に当たるところは、価格が上昇していくと、別の価値領域の下部になる可能性が高い。これらはすべてトレンドが変わることを示す強力なサインである。

④**超過価格**　このチャートの右端では、価値領域の下の境界から下に突き出た大きな超過価格がある。超過価格によって、価格が価値領域の下の境界からさらに下落すると、今の価値領域やトレンドはブレイクされる可能性が高い。なぜかというと、需要が多くなるからである。超過価格で価格が下落すればするほど、買い手を引き付ける力は増していく。このケースのように価格が超過価格から下に大きく下落すると、買い手にとってその価格は魅力を増し、需要が大きく増える。超過価格が突出していればいるほど、それは価値領域やトレンドがブレイクされることを示すもう1つの明確なサインになる。この方法を使えば、従来の方法よりもいち早くそれを察知することができる。

⑤**コンフルエンス**　下降トレンドの最後の価値領域を長方形で囲み、それを右側に延長した。これは、価格が価値領域をブレイクする直前の価値領域の上部での値動きをとらえるためである。超過価格が価

値領域を下に大きく突出したあと、価格は価値領域の上部にまで上昇しているが、上昇の動きは下降トレンドの最後の価値領域（あるいは大きな価値領域の最後の価値領域）の範囲内に収まっている。また、最後の価値領域の下の境界とコントロールプライスの交差するところで、価格は支持線を見つけている。そこがコンフルエンスゾーンだ（チャートの丸で囲んだ部分）。短い時間枠で見て、このコンフルエンスゾーンがリジェクトされたら、何としてもすぐに仕掛けなければならない。これまでの分析によって、①下降トレンドが終了しようとしていること、②２つの有力な支持線がある付近にコンフルエンスゾーンが存在すること――が分かっているからだ。この状況では、価格が価値領域の下に大きく突出した超過価格にあるときに支持線を見つけ、その支持線がリジェクトされたら買うという方法もある。なぜなら、価格が価値領域から離れるとトレード機会が生まれるからである。私たちの目標は供給と需要の不均衡をトレードすることである。価値領域から離れたその安値（超過価値ゾーン）で買うことは、低いリスクで成功する確率の高い大きなトレード機会となる。

図33のチャートは**図32**のチャートの続きを示したものだ。チャート左側の①の丸で囲まれた部分を見てみよう。これはコントロールプライスと前の大きな下降トレンド途上に形成された価値領域の上の境界の間の領域に発生した活発な上下動を示したものだ。この領域は次の大きな価値領域の一部になっており、新たな価値領域の下部に位置する。②の丸で囲まれた大きなテールに注目しよう。これは売り手によるもので、この価格帯で供給が満たされたことを示している。

この**図33**のチャートを見るときは次のように考えてもらいたい。価値領域は上昇し、コントロールプライスも上昇しているため、今のところは上昇トレンドである。トレード活動はコントロールプライスの

図33　上昇トレンドからの転換

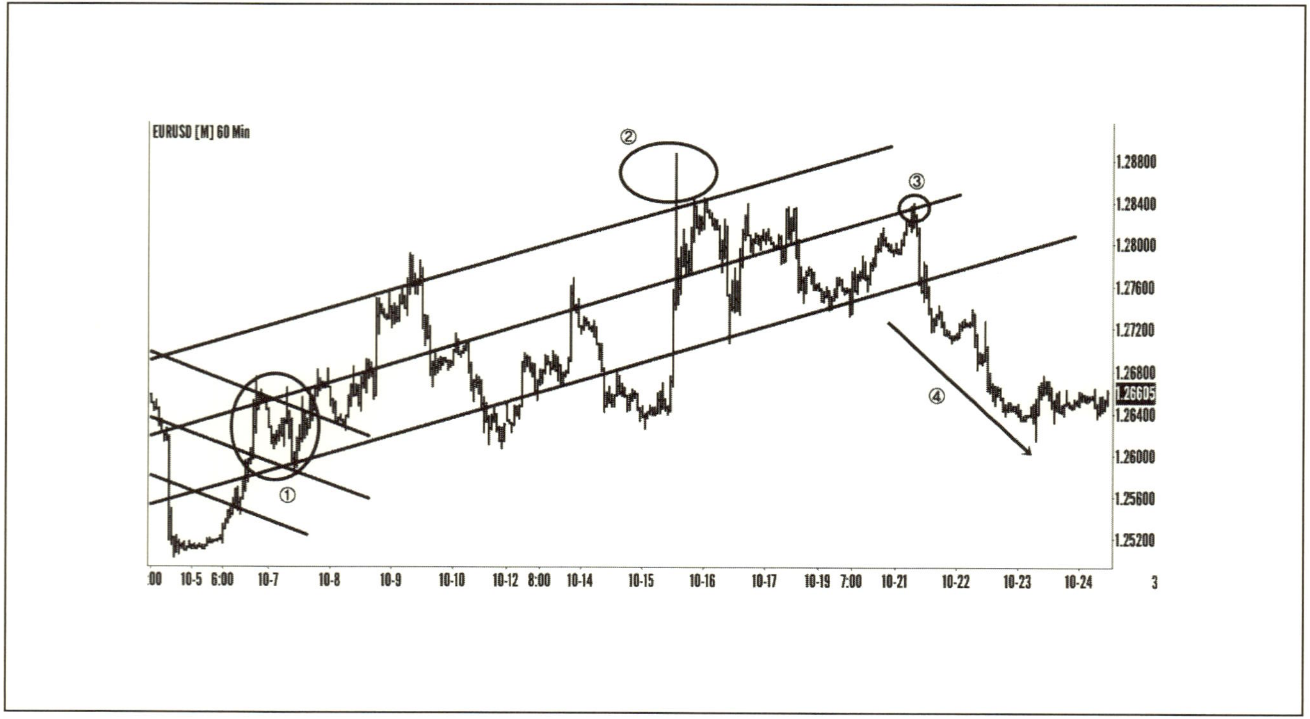

両側で活発に行われ、コントロールプライスの両側でのトレード活動量に大きな差はない。これは上昇トレンドがそれほど強くないことを示している。これはおそらく長い時間枠で見れば、大きな下降トレンドのなかの短期的な上昇（戻り）か、修正局面と思われる。

なぜなら、これまでにも議論したように、強い上昇トレンドでは、価値領域の上の部分と下の部分ではトレード量に大きな違いが見られるからである。上昇トレンドでは、価値領域の下の部分よりも上の部分のほうがトレード活動が活発だ。なぜなら、このとき市場をコントロールしているのは買い手であり、価格が価値領域の下の境界近くまで下げると、価格を素早く押し上げようとするからである。

これまでの分析によれば、これは明確な上昇トレンドではあるが、あまり強い上昇トレンドではないことが分かった。②で売り手による大きなテールが発生しており、これもまた上昇トレンドにおける特異な価格の振る舞いである。上昇トレンドでは価値領域の下で起こる大きなテールは買い手によるもので、売り手によるものではない。②の超過価格は価値領域をそれほど大きく上抜いているわけではないため、この大きなテールを正当化できるほどの供給はない。そのあと価格は価値領域の下の境界に達したあと、③ではコントロールプライスの位置が抵抗線になっている。そのあと価格が価値領域の下の境界に向かって下落しているのを見ると、③には売り手がいることが分かる。この時点で価値領域が下にブレイクされることが予測できるはずだ。この予測が正しいことを示す明確なサインをあなたは見つけられたはずだ。

売り手はすぐに主導権を握り、④で示したように価格は価値領域を下抜いている。ここで価格が引き寄せられる新たなコントロールプライスを見つけるには、④で主導的な売りが発生したあと、新しい小さな価値領域が形成されるのを待たなければならない。新たな価値領域は上昇トレンドの最後に発生した小さな水平の価値領域（②と③の間の価値領域）の下に形成されるはずだ。

図34　トレンドの初期の段階で新たなコントロールプライスを見つける

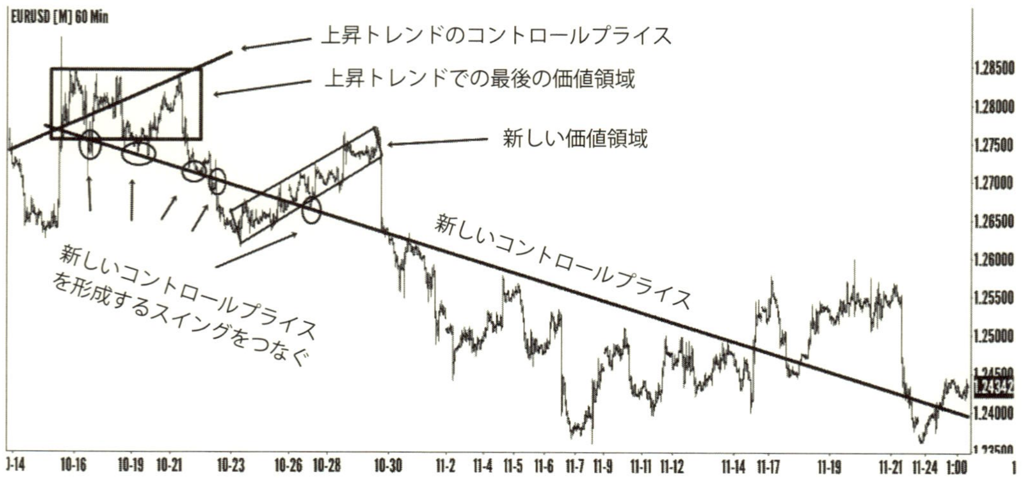

価値領域の下で主導的な動きが発生してトレンドが変化し、新たな価値領域が形成されたら、上昇トレンドの最後の小さな価値領域の下の境界と、新しく形成される価値領域をつなぎ、上下動の中心となる支持線と抵抗線を見つけて、下降する新しいコントロールプライスラインを引く。時間の経過に伴って、それらに若干の手直しは必要かもしれないが、最初に引いた線は将来的な値動きの明確なガイドラインになるはずだ。

図34のチャートは**図33**のチャートの続きだ。上昇トレンドにおける大きな価値領域から主導的な売りが発生したあと、小さな移動する価値領域が形成されている。ここから新たなコントロールプライス探しが始まる。まず上昇トレンドの最後に形成された価値領域の下の境界と新しく形成された価値領域内の価格の上下動をつないでみる。この時点ではうまく見つけられなくても気にする必要はない。一度は見つけても、もう少し価格の動きがはっきりした時点で調整する必要が出てくるだろう。

重要なのは、とりあえずコントロールプライスを引いてみることで、近い将来、値動きが引き寄せられる領域がおおよそ分かってくるという点である。

図35の上昇トレンドを見てみよう。価値領域内で主導権を握っているのは、買い手だろうか売り手だろうか。こうした上昇トレンドでは通常は、買い手が強い主導的な動きをする。上昇トレンドにおいて、売り手のほうが買い手よりも素早い主導的な動きをしてきたとき、そのトレンドは終わりが近いと思ったほうがよい。

このチャートでは大きな価値領域のなかで、買い手が小さな価値領域から価格を素早く引き離して、価格を強く押し上げようとしていることに注目してほしい。チャートの右端の最後の動きを除き、売り手が主導的な動きによって価格を価値領域から引き離そうとしているのは、チャートの真ん中辺りの矢印で示した領域のみである。ここでは、

図35　主導的な動きの変化

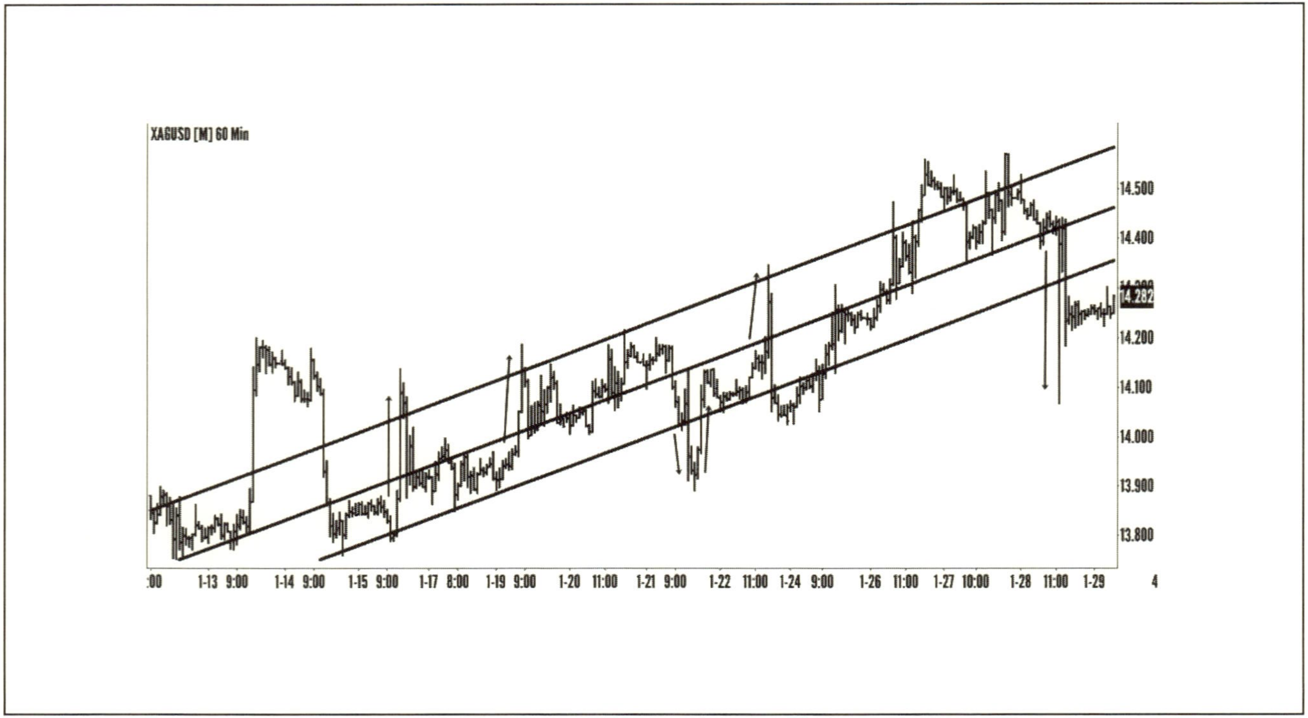

図19　移動する価値領域

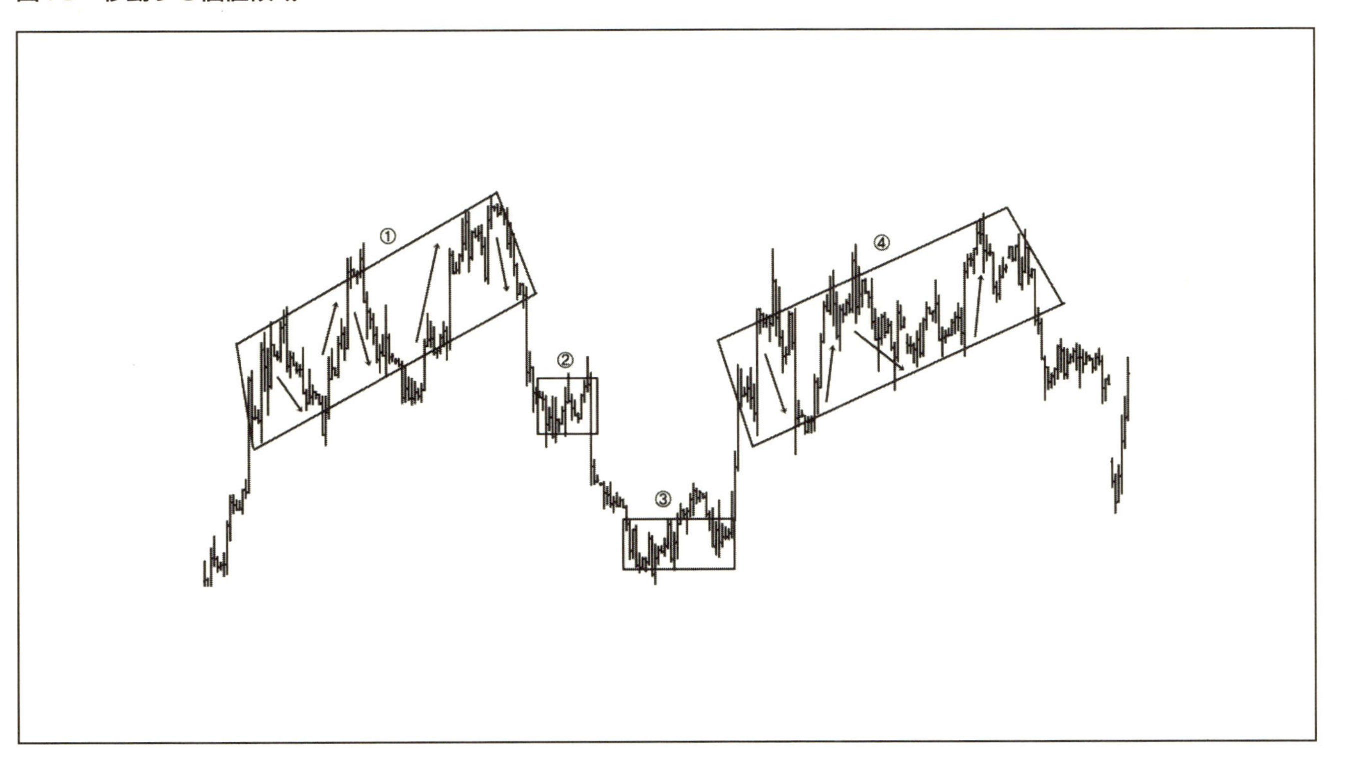

価格は価値領域の下の超過価格を下回って下落している。しかし、この動きは長くは続かなかった。なぜならこのあと買い手が市場に素早く参入して、価格を価値領域に引き戻そうとしたからだ。チャートの右上では価格は上昇し、売り注文による強力な供給が発生している。これは長い下向きの矢印で示したところに見られるように、価格を価値領域から引き離して下落させようとする大きな主導的な動きによってはっきりと分かる。

価格を価値領域から引き離して、上昇または下落させようとする動きはほぼ垂直の素早い動きであることが多い。大きな価値領域のなかの小さな価値領域から価格を引き離す主導的な動きをだれがしているのかに注目すれば、価格の方向性の変化を判断するうえで大いに役立つだろう。

もう１つあなたのツールボックスに加えてもらいたいのは、チャートを開いて、市場が方向転換するたびに、そして、その過程でトレンドが変わるたびに、過去にどのような値動きが起こったのかを観察することである。**図19**のチャートをもう一度見てみよう。移動する価値領域①と④のあと価格はどのように方向転換しただろうか。いずれの価値領域も３つの価格の波動からなり、波動が進むたびに少しずつ上昇している。これによって３つの明確なスパイク（高値）が形成されている。

それぞれの価値領域の上の境界を見ると、価格が３回境界線に達しているのが分かるはずだ。また**図５**のチャートの右端の最後の水平な価値領域をもう一度見てもらいたい。水平な価値領域のあとでは何が起こっているだろうか。そう、トレンドが変わっているのが分かるはずだ。この価値領域は超過価格が大きく突出しているので特殊だが、超過価格が価値領域を大きく下回ったあと再び価値領域まで引き戻され、価値領域の境界内に収まっている。この価値領域はトレンドの最後で発生する移動する価値領域になっていることにも注意してほしい。価

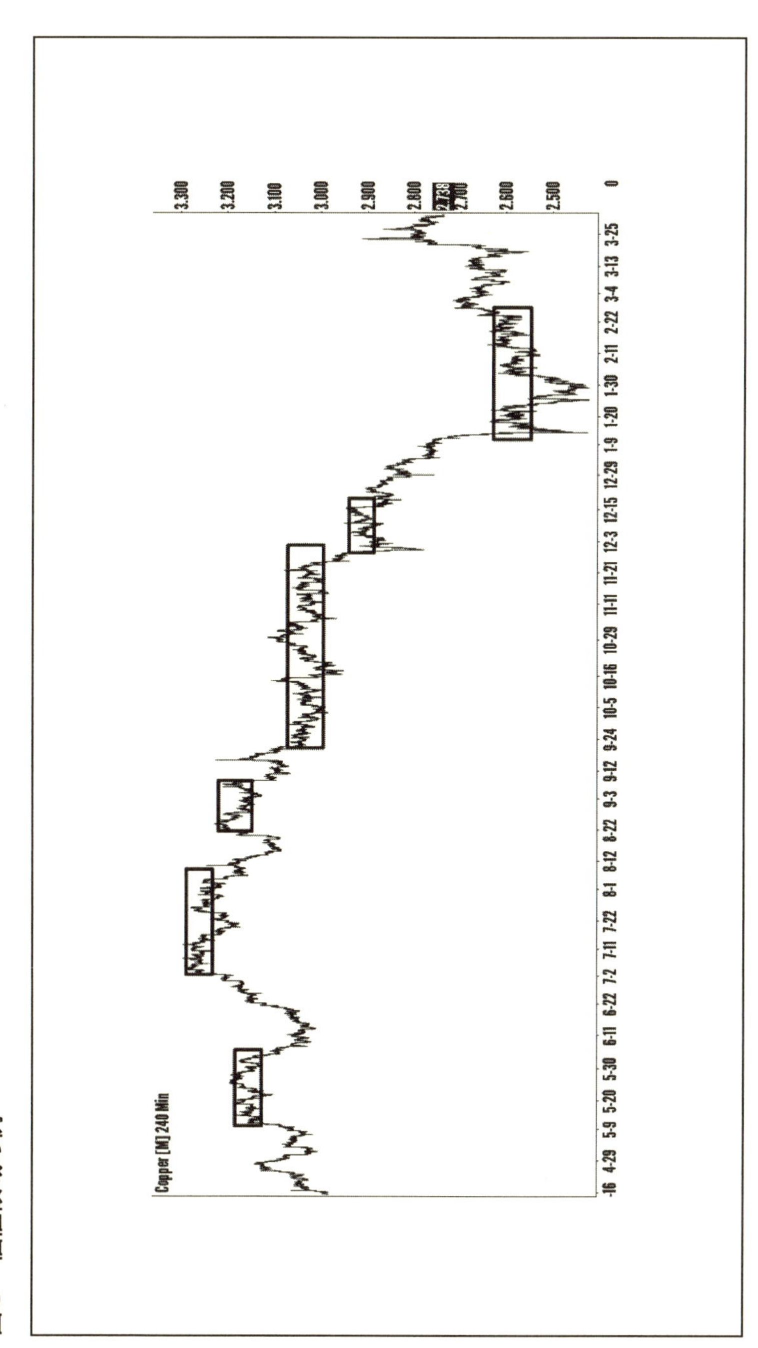
Copper [M] 240 Min
3.300
3.200
3.100
3.000
2.900
2.800
2.738
2.700
2.600
2.500
-16 4-29 5-9 5-20 5-30 6-11 6-22 7-2 7-11 7-22 8-1 8-12 8-22 9-3 9-12 9-24 10-5 10-16 10-29 11-11 11-21 12-3 12-15 12-29 1-9 1-20 1-30 2-11 2-22 3-4 3-13 3-25

図5　価値領域の例

値領域は一方向にゆっくりと動き、大きな超過価格が形成されたあと、新たなトレーダーを市場に引き込んで方向を変えている。

図36のチャートが今議論しているタイプの価値領域だ。これは**図5**の水平な価値領域と同じである。前に述べた「ヘッド・アンド・ショルダーズ」パターンのような反転パターンに馴染みがある人は、これを「ヘッド・アンド・ショルダーズ」反転パターンと見るだろうか。おそらくは見ないはずだ。これは教科書に出てくるような簡単に認識できるパターンではないが、需要と供給の力学は「ヘッド・アンド・ショルダーズ」と同じである。教科書的なパターンにとらわれて機械的なトレードをしてはならないのは、まさにこういうことなのである。

これは大きな超過価格を持つ移動する価値領域と見るべきである。ここで**図28**をもう一度見て、左側の長方形で囲まれた最初の価値領域に注目してもらいたい。この価値領域の前に強い垂直の動きがあり、価値領域の内部では、価格は上下動を繰り返している。それぞれの上下動は非常に似ており、その間には空白スペースはほとんどない。短期間のうちに価値領域の上と下の境界の間で何回も上下動を繰り返している。ここで注目すべきことは、価値領域の前にある強い垂直の値動きと、大きなトレンドや大きな価値領域のなかの最も直近の価値領域における上下動と比べると、それぞれの上下動の時間が短くなっていくことである。

図19、**図5**、**図28**のチャートに出てくる価値領域は方向転換についての重要なヒントを与えてくれる価値領域である。上昇トレンドや下降トレンドでこういった価値領域を見つけたら、前後関係をよく観察して、大局のなかでとらえることが重要だ。こうした価値領域は、現在進行中のトレンドや、今の大きな価値領域がそろそろ終了することを示している。これらの価値領域とこれまでに紹介してきたツールとを併用して最良の意思決定をすることが重要だ。

図36　トレンド終了の目安となる大きな超過価格が形成された移動する価値領域

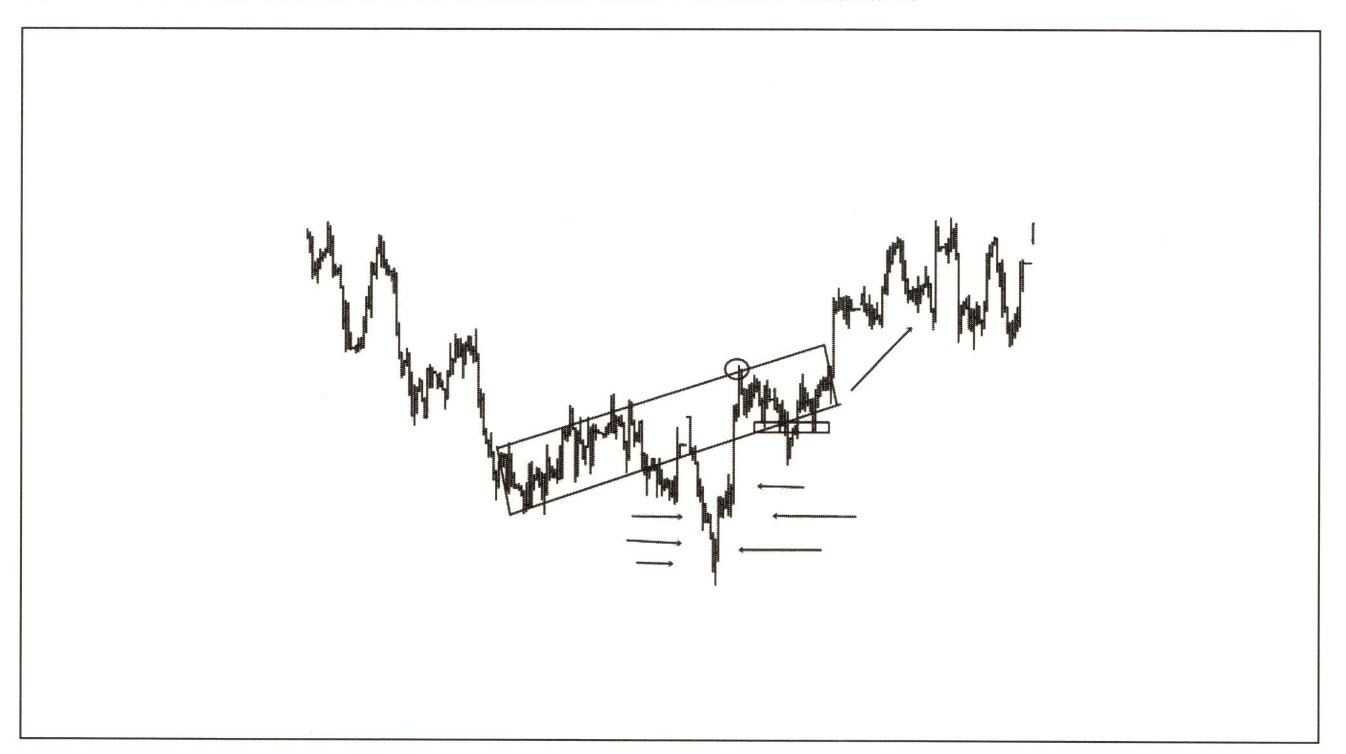

図28　反転パターン

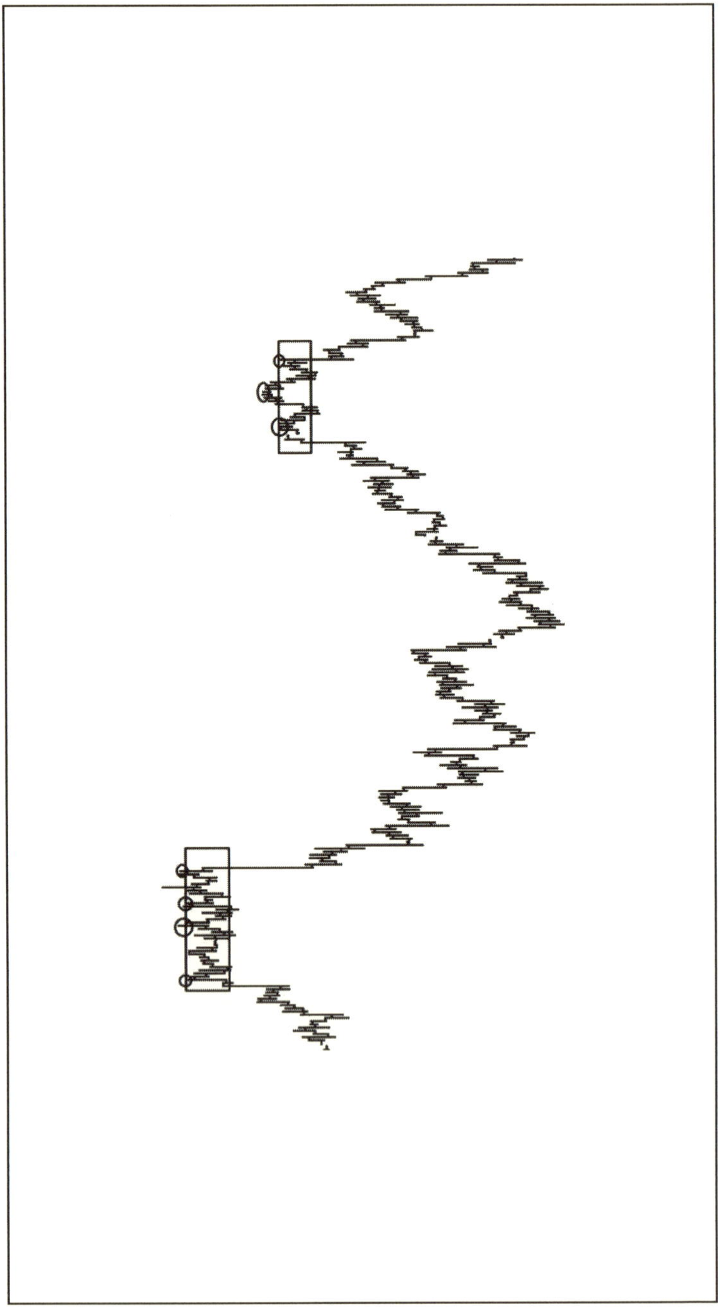

「それではここで再び本書を読むのを中断して、チャートを使ってこれまでに学んだことを練習してみよう。自分の目で観察することが重要だ。チャート上で大きな価値領域を見つけよう。大きな価値領域のなかにある小さな価値領域、トレード活動が活発な場所、超過価格、コントロールプライス、主導的な動き、今、議論した３つのタイプの価値領域を調べることで、チャート上のプライスアクション、それらのプライスアクションが形成するトレンド、大きな価値領域、１つのコントロールプライスから別のコントロールプライスへの移動など、いろいろなことが分かってくるはずだ」

支持線、抵抗線、リジェクト

これまでは本書で紹介したプライスアクションの概念を使って、市場の構造、長い時間枠で見ること、トレンドの見つけ方、トレンド転換などについて見てきた。これらのツールを使うことで意思決定プロセスやトレード結果は大幅に向上するだろう。練習をしっかりこなすことで、これまでに学習してきたことを自分のものにすることができてきたのではないだろうか。まだだと言う人は、焦らずに本書を再度読み直してしっかりと理解してもらいたい。プライスアクションの概念については詳細に説明してきたので、これは学習プロセスと考えてもらいたい。

価格情報しか表示されていないチャートでトレードをするのには、慣れるまでには少し時間がかかるだろう。しかし、練習を重ねることで、自分のトレードの進歩を実感できるはずだ。

ここでは、価値領域が提供してくれる支持線と抵抗線、およびそれを実際のトレードにどう生かせばよいのかについて議論する。

価値領域によって支持線ゾーンと抵抗線ゾーンがどのように形成されているかを見てみよう（**図37**を参照）。支持線と抵抗線はこれまで

図37　強力な支持線・抵抗線として機能する価値領域

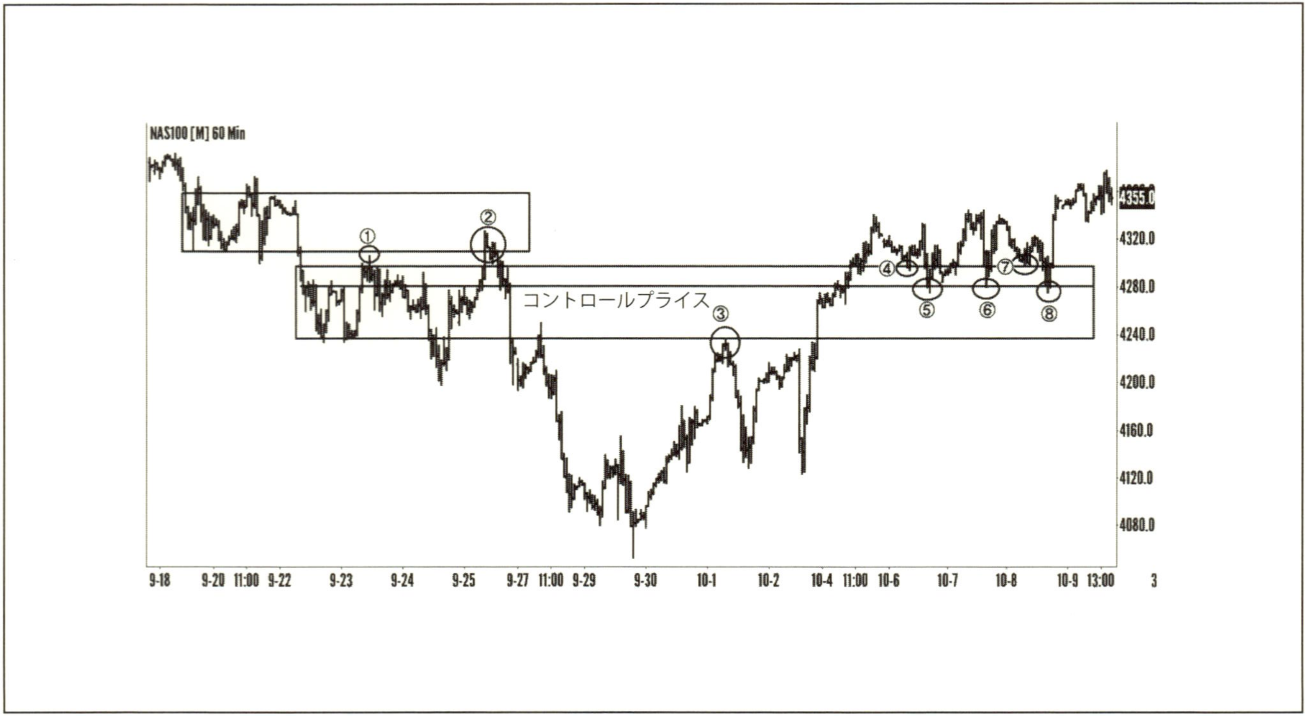

NAS100 [M] 60 Min

コントロールプライス

議論してきた供給と需要に関係するものである。抵抗線とは売り手が価値領域の上の境界でポジションを取るところであり、逆に支持線は買い手が価値領域の下の境界でポジションを取るところである。

これらの水準がブレイクされたら、供給と需要の力関係に変化が起こる。支持線や抵抗線は買い手と売り手がバトルを繰り広げているところと考えるのがよいだろう。一方が興味を持っている水準を突き抜けたときはその者がその水準を制し、価格がその水準に戻ったときに仕掛けることができる。

買い手と売り手の絶え間ないせめぎ合いによって、価値領域の上と下の境界と、コントロールプライスは強力な支持線になり、その水準がブレイクされれば、今度はコントロールプライスが抵抗線に変わる。そして、この強力な抵抗線がブレイクされれば、再び支持線に変わる。**図37**のチャート上の２つの価値領域に注目しよう。この領域は将来の値動きと交差するように延長して描かれている。

まず、チャートの左側の最初の価値領域の下の境界は、①と②を転換させる抵抗線になっている。そして、２番目の価値領域の下の境界は支持線であるが、③では売り手に出合っている。そのあとこの価値領域の下の境界が下にブレイクされ、③は抵抗線に変わる。２番目の価値領域の上の境界である④と⑦では支持線を見つけ、⑤と⑥と⑧ではこの価値領域のコントロールプライスが強力な支持線になっている。こうした値動きは、どんなチャートでも、どんな時間枠でもよく見られる。これは、価格がある価値領域から別の新しい価値領域に移動するときや、ある支持線や抵抗線から別の新しい支持線や抵抗線にどのように動くかを示したものだ。

まったくのトレード初心者でなければ、これまでチャート上に支持線や抵抗線を引いたことがあるはずだ。支持線や抵抗線はこのように形成されるのである。チャート上に上下動の中心となる支持線や抵抗線（コントロールプライス）を引いてみれば、抵抗線に届かなかった多くの高値や、支持線に届かなかった多くの安値が見つかり、時折、それらを突き抜ける超過価格やテールが見つかるはずだ。

このあと価値領域の上と下の境界とコントロールプライスを使って、仕掛けを行ったり、手仕舞いを行ったり、プロテクティブストップ（損切り）を置いてみることにしよう。第５章ではこれらのすべてを使って、明確なセットアップを見つけて完全なトレードプランを立てる。

価値領域は価格を引き付け、その境界は強力な支持線や抵抗線になるが、それ以外にも役立つ特徴を持っている。価格が価値領域に引き戻され、それが受け入れられると、10回のうち８回は、価格は価値領域が確立され、そこから再び出ることはない。

今度は、**図38**のチャートを見てみよう。価格は価値領域を下にブレイクして、そのまま下落し続けている。そのあと価格が価値領域に引き戻されたときに何が起こったかに注目しよう。価値領域の下の境界は３回の戻りに対して強力な抵抗線になり、価格を下に引き下げている。そこにいるのは売り手だ。しかし、買い手も簡単にはあきらめず、４回目の試しで、彼らは価格を価値領域の下の境界から価値領域に引き戻すことに成功している。価値領域を満たしたというこの強力な概念を利用するためには、今、強力な支持線になっている価値領域の下の境界がリジェクトされるという明確なサインを見つける必要がある。そのとき初めて、価値領域の上の境界に目標を定めた買い注文を入れることができる。

このリジェクトを見つけるには、短い時間枠のチャートを見る必要がある。リジェクトについては前に述べたとおりである。リジェクトであるためには、テールが価値領域の下の境界を突き抜ける必要がある。

図39の５分足チャートではそうなっている。予想どおり、５分足チャートを見ると、価格は価値領域を形成している。このチャートを見ると、価値領域の下の境界である支持線が超過価格のテールによって

図38　満たされる価値領域

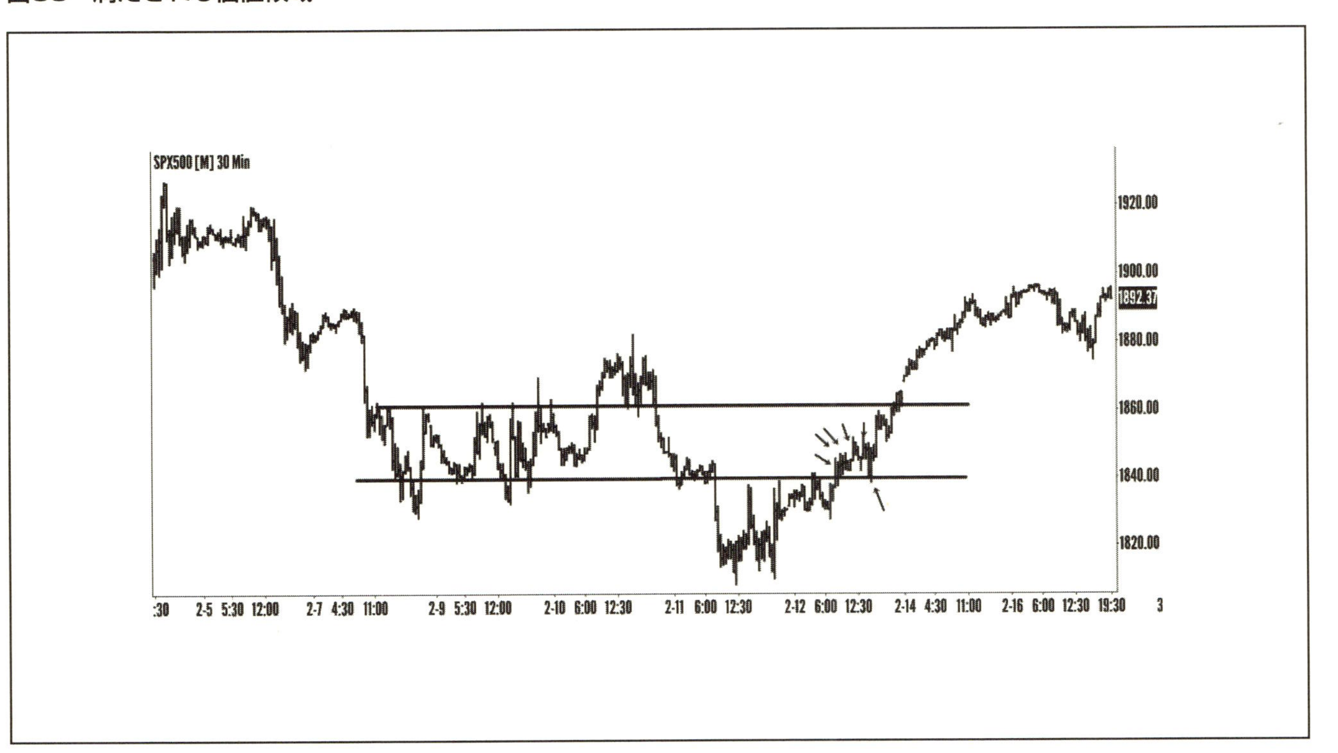

明確にリジェクトされている――テールが価値領域の下の境界を突き抜け、価値領域に素早く引き戻されている。チャート上の丸で囲んだ部分がテールだ。これでリジェクト条件はすべて整った。価値領域が確立されたという概念を利用するためには、５分足チャートの価値領域の上の境界が上にブレイクされたあと、価格が再び価値領域に引き戻され、そのあと30分足チャートの大きな価値領域が確立されなければならない。

ここでは、価格が小さな上向きの矢印の付いた５分足チャートでの価値領域の上の境界である抵抗線をブレイクしたあと、この水準まで引き戻され、そのあと30分足チャートの価値領域の上の境界に達している。この時点では、短い時間枠（５分足チャート）の価値領域の上の境界は、支持線の役目をしている。ここが仕掛けポイントだ。プロテクティブストップ（損切り注文）はテールの下に置き、30分足チャートの価値領域の上の境界に達したら利食いする。

プロテクティブストップはなぜテールの下に置かなければならないのだろうか。それは、どのようなトレードをしていようと、プロテクティブストップは、価格が到達する可能性の最も低い位置に置く必要があるからである。テールでは強い需要が発生するため、価格はその水準には達しない可能性が高い。テールの上には30分足チャートの価値領域の下の境界があり、それはこの時点で強力な支持線になる。この領域には買い手が存在し、市場がその水準に達するたびに需要は増えるため、市場がプロテクティブストップ水準に達する可能性は極めて低い。

そのうえ、需要がこの価格帯にあるかぎり、供給はバトルに勝つほど強くない。供給が増えるためには、価格は30分足チャートの価値領域の上の境界まで上昇しなければならない。ここは売り注文が出される領域だ。仕掛けとプロテクティブストップの間に２つ以上の支持線と抵抗線があるのがベストだ。テールを持った価値領域が大きな価値

図39　支持線のリジェクトで仕掛ける

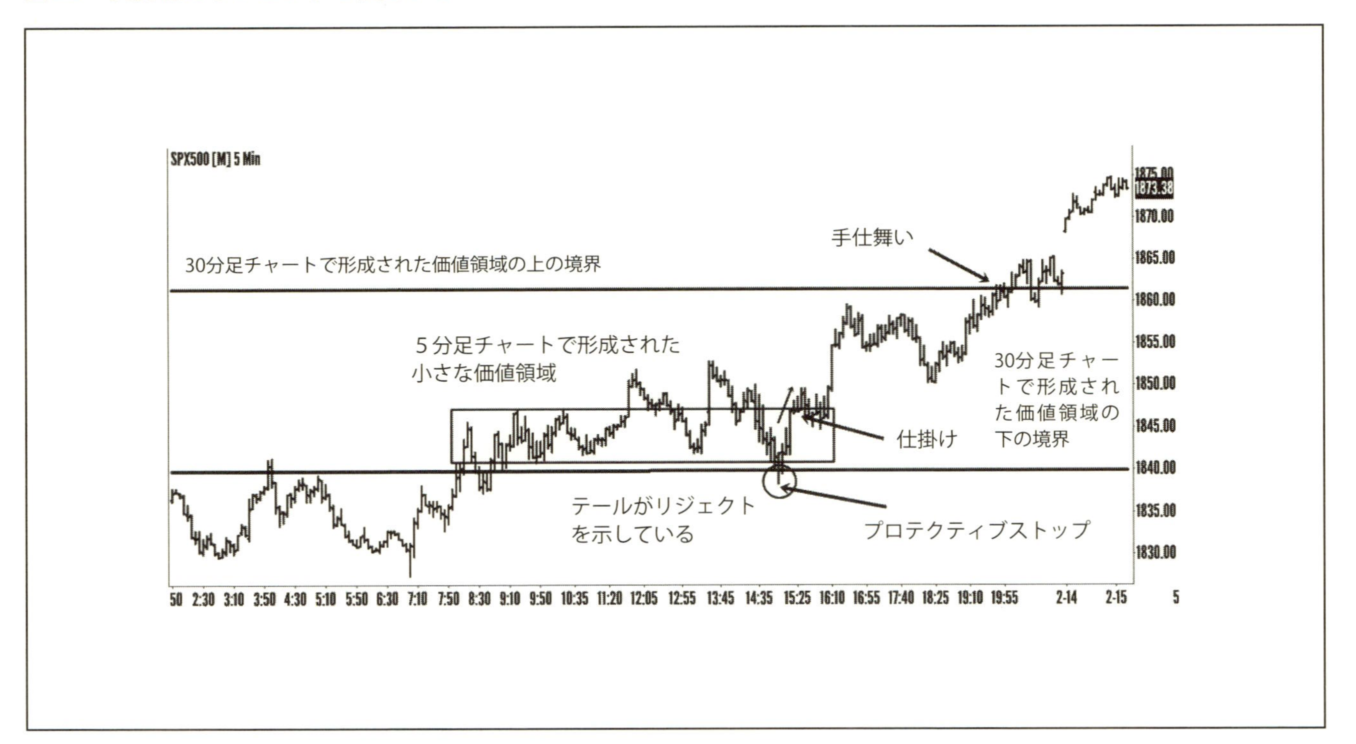

領域の上の境界や下の境界をリジェクトするのを待つことで、価格が達しない箇所にプロテクティブストップを置ける確率は高まる。

こうすることでトレードがあなたの望む方向、つまり利食いの方向に進む可能性は高まる。このケースの場合、利食い水準は価値領域の別の境界、つまり30分足チャートで形成された価値領域の上の境界に置く。価格は30分足チャートの価値領域の上の境界に達したあと、価値領域に引き戻されるよりもそれを突き抜ける可能性が高いが、価値領域の境界は簡単にはブレイクされないだろう。価格はしばらくの間そこにとどまり、その辺りをうろつくため、この境界の下や上でトレードすることで、そのトレードを長く維持することができる。長い時間枠でトレードしているのであれば、１週間かそれ以上はトレードを維持できるはずだ。このトレードは価値領域を満たすという概念に基づくことを忘れてはならない。価値領域の上の境界に置いた利食い水準に価格が達したら、その価値領域は満たされたことになる。ここで手仕舞って、また別のセットアップを待つ。

このトレード手法は、移動する価値領域にも適用することができる。まず**図40**のチャートを見てみよう。チャートの左側の価値領域の下の境界が将来のプライスアクションの抵抗線になっていることに注目しよう。小さな丸で囲んだところでは、価格が左側の価値領域の下の境界に達したあと、引き戻されている。

次に、長方形で囲まれたプライスアクションは移動する価値領域であることに注意しよう。この延長線をたどると、価格が価値領域を上にブレイクして強力な抵抗線に出合ったあと、長方形で囲まれた価値領域の上の境界が支持線になっている。その水準を何回か試したあと、価格は価値領域に引き戻され、今では抵抗線になった左側の価値領域の上の境界をリジェクトしている。短い時間枠でも上の例と同じプロセスをたどる。

図39の例も**図40**の例も、リジェクトされている価値領域はサイズ

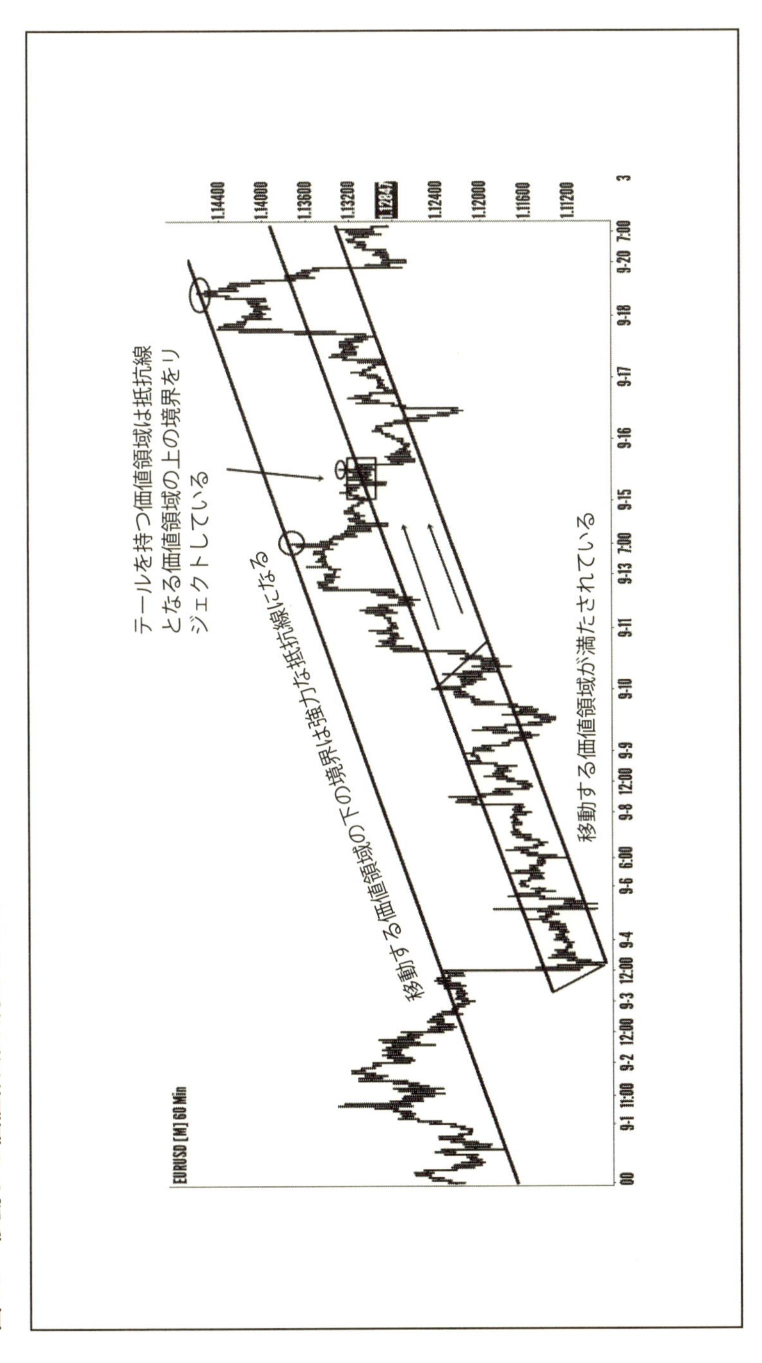

図40　移動する価値領域が満たされる

が小さいため、潜在的リワードよりも小さなリスクで仕掛けることができる可能性が高い。これが重要なのである。

仕掛けとプロテクティブストップまでの距離が、仕掛けと利食いの距離よりも大きければ仕掛けてはならない。各トレードのリスクは、潜在的リワードよりも小さくなければならないことを覚えておこう。

そうすれば常に利益を上げることができる。リワードよりもリスクのほうが必ず小さくなるため、市場が価値領域を満たさないことが10回のうち２回あったとしても、そのようなことはそれほど気にする必要はない。

時には、満たされることを期待している大きな価値領域がそれほど複雑ではないとき、つまり、価値領域が狭くて小さいか、そのなかで価格がそれほど頻繁に上下動しないとき、短い時間枠ではリジェクトが明確に示されないときがある。

価格がほぼ垂直に動き、テールを持った小さな価値領域がはっきりしないときがそうである。そんなときは先に進もう。そこにはトレードの機会はない。上の例のように価値領域が比較的広く、幅も広く、多くの上下動がある箇所を見つけるようにしよう。

価値領域が満たされるというこの概念は、すでにうまくいっているトレードプランを持っているときにも利用することができる。そのトレードプランにこの概念をぜひ組み込んでほしい。

「それではここであなたのチャートを使って練習をしてみよう。価値領域を見つけたら、短い時間枠でリジェクトや価値領域が確立されていることを見つけよう」

第5章　これまでに学んだことをまとめてみよう

Putting It Together

時間枠

トレードを行うに当たってまず最初にやらなければならないことは、自分がトレードしようとしている時間枠よりも長い時間枠で値動きを見ることである。例えば、１時間足や４時間足でトレードしようとしているのであれば、日足チャート上にコントロールプライスを引き、価値領域を見つけてみる。30分足チャートや15分足チャートでデイトレードをしようとしているのであれば、４時間足チャート上で大きな価値領域を見つけてみる。あるいは、５分足チャートでトレードしようとしているのであれば、１時間足チャートで価値領域を見つけてそれを分析してみる。トレードしようとしている時間枠と見てみる時間枠の関係は、きっちりと決まっているわけではない。

どのくらい長い時間枠を見ればよいのかを決めるには、トレードしようとしている時間枠のチャートで今の値動きを見て、それをスクロールしながら、まずは全体像を見てみる。今の値動きは上昇トレンドなのか、下降トレンドなのか、横ばいなのか。価格が上昇トレンドで下に価値領域を形成しようとしたり、下降トレンドで上に価値領域を形成しようとしているときに、トレンドがどう変わるかを思い出してみよう。また、１段階長い時間枠のチャートを見て、トレンドが転換したあとに価値領域が形成されている場所を見つける。見つからなければ、さらに長い時間枠のチャートを見てみる。

図41のチャートを見てみよう。例えば、あなたは４時間足でトレードしたいと思っていると仮定しよう。現在価格は上向きの矢印で示した位置にある。あなたは日足チャートを見て、現在のプライスアクションが全体像のなかでどういう位置関係にあるのかを確認する。チャートの左側は下降トレンドで、このトレンドの価値領域の上の境界は②の直後の買い手による主導的な動きによってブレイクされた。これは強い主導的な動きであり、これによってこのトレンドがブレイクさ

図41　全体像を描く

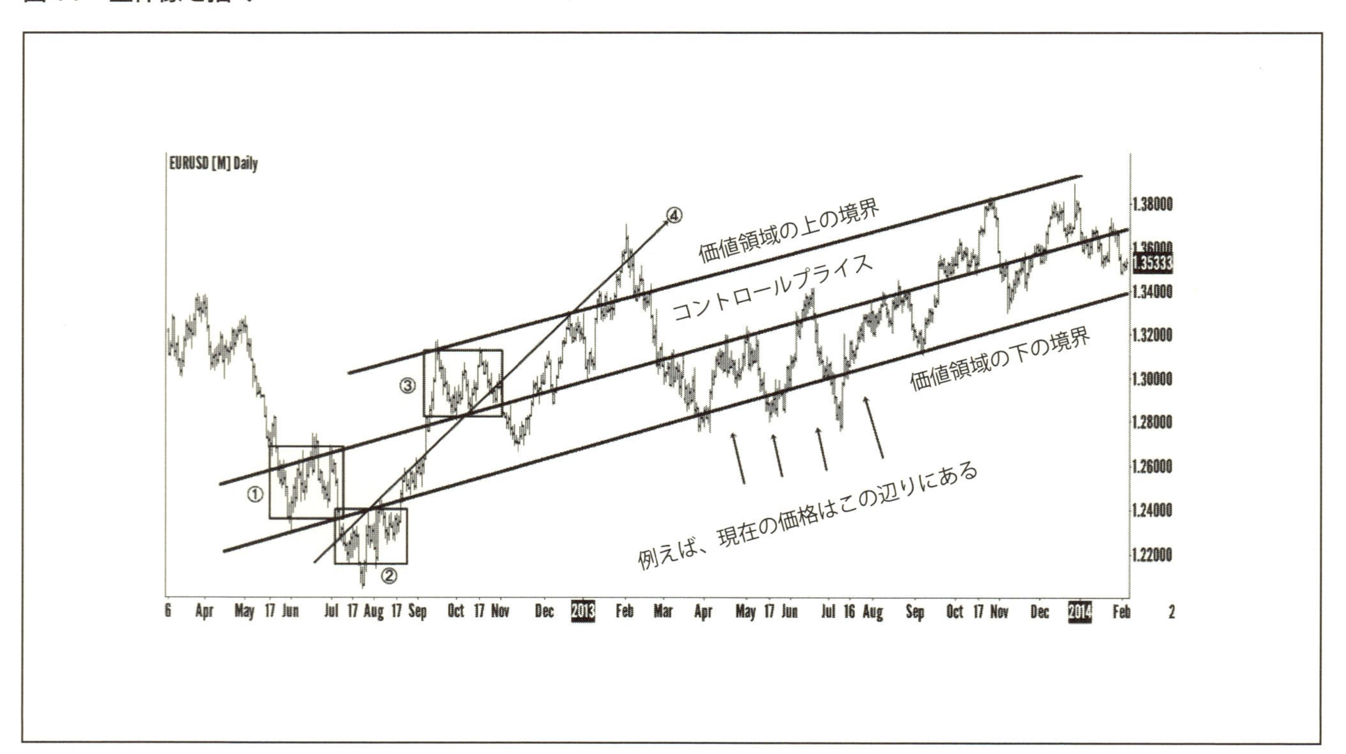
EURUSD [M] Daily
価値領域の上の境界
コントロールプライス
価値領域の下の境界
例えば、現在の価格はこの辺りにある
①
②
③
④
1.38000
1.36000
1.35333
1.34000
1.32000
1.30000
1.28000
1.26000
1.24000
1.22000
6 Apr May 17 Jun Jul 17 Aug 17 Sep Oct 17 Nov Dec 2013 Feb Mar Apr May 17 Jun Jul 16 Aug Sep Oct 17 Nov Dec 2014 Feb 2

れ、下降トレンドの終焉を確認できた。これが③の価値領域だ。大きな超過価格のある②の移動する価値領域に注目し、トレンドを終わらせる可能性の高い価値領域について議論した「トレンドの転換」で述べたことを思い出そう。

下降トレンドの価値領域の上の境界がブレイクされ、その上に価値領域が形成され、②の価値領域によって下降トレンドが終了したことが確認されたとき、今の値動きに関連のある新たなコントロールプライスがそこからスタートする。新たなコントロールプライスはどう引けばよいのだろうか。４つの上向きの矢印の箇所を見て、私たちが今いる場所が分かれば、コントロールプライスを引くのは簡単だ。過去の価格が引き寄せられている場所がコントロールプライスの位置になる。

同じく「トレンドの転換」（**図34**を参照）のところで説明したように、新たなトレンドにコントロールプライスを引くのはトレンドの初期の段階でかなりはっきり分かる。下降トレンドの最後の価値領域の高値と、トレンドを転換させた前の価値領域よりも高い位置に形成された価値領域の底をつなぐ。その斜め上方の線が日足チャートにおける大きな上昇トレンドのコントロールプライスになる。新しいトレンドにおけるコントロールプライスは、価値領域③が形成され、価格がそれをブレイクした直後のトレンドの初期段階で見つけることができた。線④がそれである。それが下降トレンドの最後の価値領域と、そのトレンドをブレイクした新しい価値領域をつないだ線である。前にトレンドの転換について議論したとき、トレンドの最後の価値領域と、そのトレンドをブレイクしたその上か、その下に形成された新しい価値領域をつなぐと言ったが、つないだ線がどうなったかを見てみよう。

この線にはコントロール力があるにはあるが、極めて限定的で、しかも急勾配だ。こうした急勾配の線に価格が長い間引き付けられるとはとても考えられない。このチャートでは、主導的な買いが非常に強

図34　トレンドの初期の段階で新たなコントロールプライスを見つける

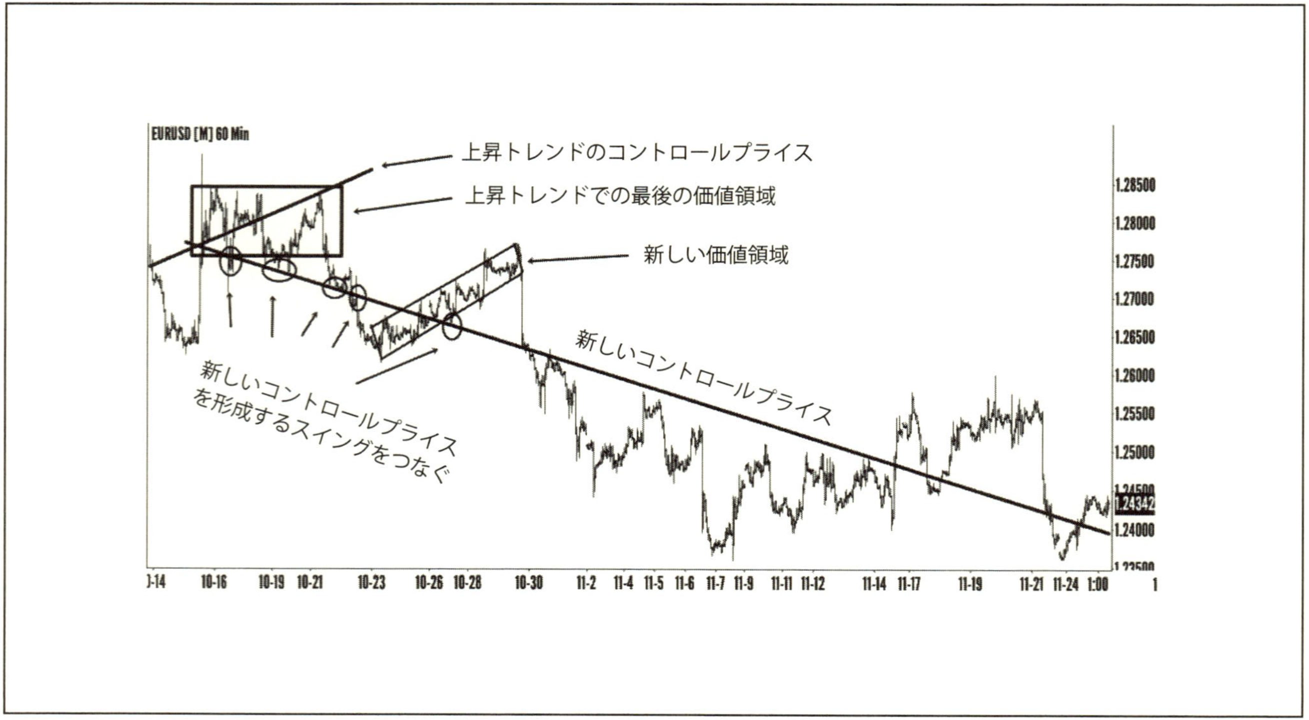

EURUSD [M] 60 Min

上昇トレンドのコントロールプライス

上昇トレンドでの最後の価値領域

新しい価値領域

新しいコントロールプライス

新しいコントロールプライス
を形成するスイングをつなぐ

1.28500
1.28000
1.27500
1.27000
1.26500
1.26000
1.25500
1.25000
1.24500
1.24342
1.24000

10-16　10-19　10-21　10-23　10-26　10-28　10-30　11-2　11-4　11-5　11-6　11-7　11-9　11-11　11-12　11-14　11-17　11-19　11-21　11-24　1:00

いので、価格が下降トレンドの最後の２つの価値領域を上回っている。

このような場合、トレンドが終了するまで続くもっと現実的なコントロールプライスを見つけたいと思うはずだ。今では支持線となっている下降トレンドの最後の価値領域と新しい価値領域をつないだが、時間がたつにつれてコントロールプライス周辺の領域で価格が上下動するようになれば、コントロールプライスはプライスアクションに合わせて若干の調整が必要になる。と言っても、小さな調整なので心配する必要はない。

通常は、トレンドが転換したあとに見つけた初期のコントロールプライスは、トレンドが続いている間はそれほど大きく変わることはない。

すでに述べたように、通常の価格の振る舞いを見極める必要がある。つまり、価格はコントロールプライスを中心に上下動していなければならないということである。これは健全なトレンドを形成するものであり、そこでは買い手と売り手の両方が市場に参入している。価格が上下動を繰り返すことなく、長期間にわたってほぼ垂直に上昇したり、下落したりといった価格の異常な振る舞いが見られるときは、価値領域やコントロールプライスを見つけようとはしないことだ。長期間にわたる垂直の動きはファンダメンタルなニュースによって発生するものだ。こんなとき市場ではトレードが活発になることはない。

図42のチャートは**図41**のチャートと同じチャート（日足）で、上昇トレンドが下降トレンドに変わったあとの様子を示したものだ。ほぼ１年間にわたって売り手が価格を押し下げている。その動きはユーロが崩壊しそうだというファンダメンタルなニュースによって発生したもので、ほとんど垂直的な動きである。その結果、買い手と売り手の間のトレードに活発さは見られない。ここに買い手の姿はない。価格は上下動することはなく、長方形で囲んだ二カ所を除いて価値領域は形成されていない。価値領域はほとんど確認できず、価格を引き付

図42　価格の異常な振る舞い

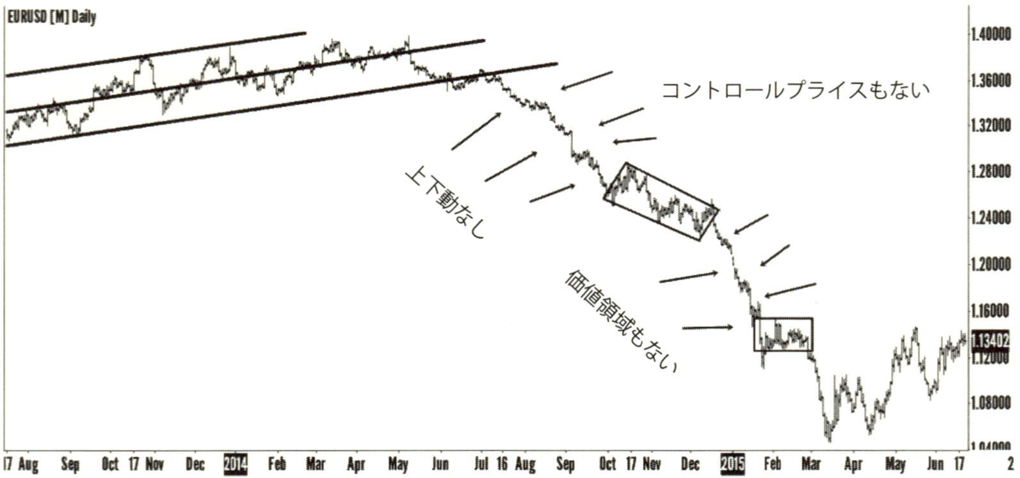

EURUSD [M] Daily

コントロールプライスもない

上下動なし

価値領域もない

1.40000
1.36000
1.32000
1.28000
1.24000
1.20000
1.16000
1.13402
1.12000
1.08000

17 Aug Sep Oct 17 Nov Dec 2014 Feb Mar Apr May Jun Jul 16 Aug Sep Oct 17 Nov Dec 2015 Feb Mar Apr May Jun 17 2

けて上下動の中心となる明確なコントロールプライスも確認できない。明確な超過価格もテールも存在しない。

そんなときは、すべての値動きが明確に現れるもっと短い時間枠に変えて見てみる。短い時間枠で価値領域を分析して、それよりももっと短い時間枠でトレードするのがよい。金融危機のように市場が不安定なときはテクニカル分析は機能しないが、人々が予測可能なパターンで動くときはテクニカル分析が機能する。

長い時間枠の価値領域を分析することは、短い時間枠でトレードするときに役立つ。それは、最も可能性の高いセットアップのみを利用するには、どこで買って、どこで売ればよいのかを教えてくれる。

長期トレーダーは大きな商いで価格を動かし、自分にとって有利な価格だと思えるところで仕掛けるということを忘れてはならない。有利な価格とはどういった価格のことを言うのだろうか。それは、間違いを犯しても損をする確率が最も少ない価格帯のことを言う。有利な価格は成功する確率が最も高いセットアップを提供してくれる。売り手にとっての理想的な価格帯は市場の高値であり、価格はそこから反転して下落し始め、けっしてその高値までは戻らない。そんな価格帯が売り手にとっての理想的な価格帯だ。一方、買い手にとっての理想的な価格帯は市場の安値であり、価格はそこから上昇し始め、利食いの水準に達するまでその安値まで押さない。そんな価格帯が買い手にとっての理想的な価格帯だ。しかし残念ながら、こうしたことが大きなリスクなしにできるほどトレードは甘いものではない。

しかし、価値領域の分析を使えば、これに近い方法でトレードすることができる。**図43**のチャートに見られるような下降トレンドでは、価値領域の上の超過価格からコントロールプライスのすぐ下の領域辺りで売るのがよい。また、下降トレンドで買うときに有利な価格帯は価値領域の下の超過価格である。

なぜその価格帯で売るのがよいのだろうか。それは、その価格帯で

図43　どこで買って、どこで売るべきか

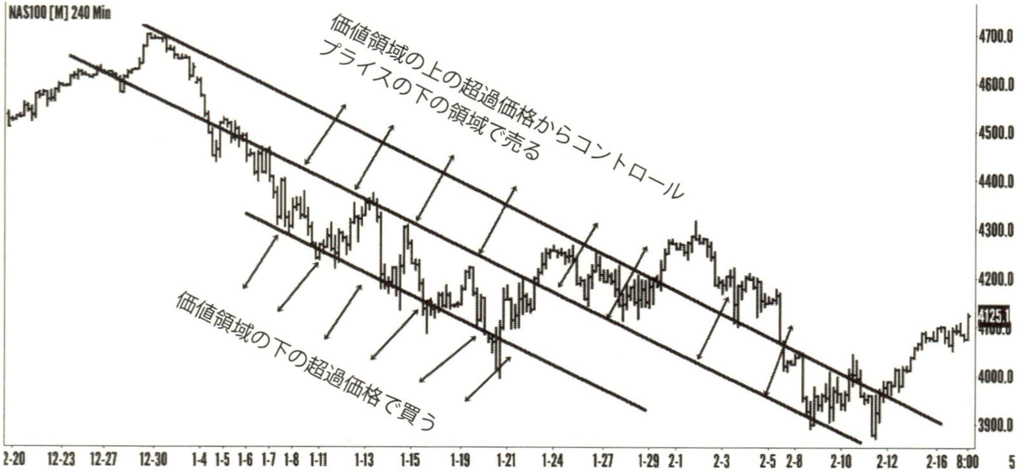

売れば、最小のリスクで成功する確率が最も高いトレードになるからである。価値領域の上の境界辺りで売る必要があるのはこのためだ。下降トレンドで売るとき、価格が価値領域の上の境界から下落するほど、とるリスクは大きくなる。強い下降トレンドだからと言って、価格はずっと下落し続けるわけではない。価格は価値領域の上と下の境界の間で上下動する。一方、下降トレンドにあるとき、価値領域の下の超過価格で買わなければならないのはなぜなのだろう。下降トレンドにあるときに価値領域内で買うことはリスクが高すぎる。下降トレンドにあるときに価値領域の下の超過価格で買えば、価格はもうそこから上昇するしかないので、最小のリスクでトレードできる。価値領域は価格を引け付ける場所であることを忘れないでほしい。

短い時間枠でトレードするときのガイドラインを示しておこう。

ガイドライン

①上昇トレンドでは、価値領域の下の超過価格からコントロールプライスの上の領域で買い、価値価格の上の超過価格で売る。

②下降トレンドでは、価値領域の上の超過価格からコントロールプライスの下の領域で売り、価値領域の下の超過価格で買い戻す。

③横ばいのとき、水平の大きな価値領域では、価値領域の下の超過価格からコントロールプライスの上の領域で買い、価値領域の上の超過価格からコントロールプライスの下の領域で売る。

④今、トレードしている時間枠でセットアップを見つけたときには、仕掛ける前に、価値領域を分析した時間枠に再度戻ってみる。

⑤コントロールプライスを見て、価格がまだコントロールプライスに引き付けられているかどうかを観察する。引き付けられていない場合、その上下の価格の上下動に合うようにコントロールプライスを少しだけ上か、下に動かして微調整する。

⑥価値領域全体の健全性を判断する。上昇トレンドでは、価格は価値領域の下にテールを形成しているだろうか。また下降トレンドでは、価格は価値領域の上にテールを形成しているだろうか。最新のプライスアクションで確認せよ。

⑦下降トレンドでは、コントロールプライスの上よりも下でトレーディング活動が活発になるはずだが、そうなっているだろうか。また、上昇トレンドでは、コントロールプライスの下よりも上でトレーディング活動が活発になるはずだが、そうなっているだろうか。最新のプライスアクションを見て判断せよ。

⑧上昇トレンドでは、買い手は小さな価値領域から遠ざかる方向に強い主導的な動きを行い、売り手は価格を価値領域に引き戻す方向にゆっくりと応答的な動きを行うのが普通だが、そうなっているだろうか。また、下降トレンドでは、売り手は大きな価値領域のなかの小さな価値領域から遠ざかる方向（下降方向）に強い主導的な動きを行い、買い手は価格を小さな価値領域に引き戻す方向にゆっくりと応答的な動きをするのが普通だが、そうなっているだろうか。最新のプライスアクションを見て判断せよ。

⑨上記の３つのポイントのうち２つ以上がそうなっていない場合、トレードには注意すること。仕掛ける前に価格がリジェクトされているかどうかを確認せよ。仕掛ける価格とプロテクティブストップ（損

切り）の間に２つの支持線と抵抗線が形成されているかどうかをチェックする。これは、コントロールプライスやその近く、または価値領域の境界で仕掛けることで達成することができる。リジェクトされたテール、コントロールプライス、価値領域の下や上の境界がプロテクティブストップのバリアになる。

⑩水平な価値領域では、テール、トレード活動、主導的な動きは価値領域の両側に発生する可能性がある。しかし、必ずしもこうでなければならないわけではない。テールが水平な価値領域の下に形成され、トレード活動が価値領域の上半分の領域で活発になり、売りの主導的な動きよりも買いの主導的な動きのほうが多い場合、買い機会を見つけたほうが勝算がある。状況が変わって売り手が活発になったときは、売り機会も探したほうがよい。

⑪上昇トレンドで、売り手によって価値領域の上に強力なテールが形成され、価格がコントロールプライスと価値領域の下の境界の間で小刻みな上下動を繰り返している場合、買ってはならない。なぜなら上昇トレンドが終了する可能性が高いからだ。上昇トレンドが終了したら、これまでよりも低い位置に価値領域が形成されるのを待ち、新たなコントロールプライスを探す。新たなコントロールプライスが価値領域をブレイクせずに、大きな上昇トレンドの価値領域の上と下の境界の間で上下動を始めたら、価値領域の下の超過価格からコントロールプライスの上の領域で買い、価値領域の上の超過価格で売る。

⑫下降トレンドで、買い手によって価値領域の下に強力なテールが形成され、価格がコントロールプライスと価値領域の上の境界の間で小刻みな上下動を繰り返している場合、売ってはならない。なぜな

ら下降トレンドが終了する可能性が高いからだ。下降トレンドが終了したら、価値領域の上の境界をブレイクして、これまでよりも高い位置に価値領域が形成される前に買い手による主導的な動きがあれば、新たなコントロールプライスを探す。下降トレンドが終了せずに、価値領域の上の境界と価値領域の下の境界の間で上下動が始まったら、下降トレンドでの通常のトレードに戻る。つまり、価値領域の上の超過価格からコントロールプライスの下の領域で売り、価値領域の下の超過価格で買う。

⑬価値領域が水平のとき、価値領域の上に売り手によるテールが形成され、価値領域の下半分の領域で上下動を繰り返している場合、買ってはならない。なぜならこのバトルでは売り手が勝利し、価値領域は下にブレイクする可能性が高いからだ。

⑭価値領域が水平のとき、価値領域の下に買い手によるテールが形成され、コントロールプライスと価値領域の上の境界との間で価格が上下動を繰り返している場合、売ってはならない。価値領域は上方にブレイクする可能性が高いからだ。

⑮上昇トレンドや下降トレンドのとき、「トレンドの転換」のところで述べたトレンドの終了を示す３つのタイプの価値領域のうちの１つが形成されたら、トレンドがブレイクされるか、トレンドが続くかの確信を持てるまでトレードを中断する。この期間は別の銘柄をトレードしよう。トレードできる銘柄はほかにもたくさんあるはずだ。

これらのガイドラインをじっくりと読むこと。これらのガイドラインを頭に叩き込み、トレードの意思決定をする前にすぐに出てくるように、紙に書いて覚えるのもよいだろう。

需要と供給の重要な水準

需要と供給についてや、長期トレーダー（買い手と売り手）たちが市場に参入した足跡をどう見ればよいのかについてはこれまでたくさん書いてきた。ここではこれらの知識を生かして、私たちが実際にトレードする強力な供給と需要の価格帯を見つける方法について議論していく。

図44のチャートには、左から右に３本の斜線が引かれている。上と下の斜線は長い時間枠での価値領域を示しており、真ん中の斜線はコントロールプライスである。

価値領域内の長方形で囲まれた部分に注目しよう。これらは小さな価値領域で、コントロールプライスの上に２つ、コントロールプライスの下に１つある。価値領域はこれ以外にもあるが、長方形で囲んだ部分は供給と需要を見つけるうえでより重要な価値領域である。

長方形で囲んだ３つの価値領域にはテールと超過価格がある。丸で囲んだ部分がテールと超過価格である。超過価格とテールを分かりやすくするために価値領域を長方形で囲んだにすぎないが、長方形がなくても超過価格やテールは認識できるはずだ。周辺のゆっくりと動いている価格から突き出たスパイクを見れば、それがテールであることは一目瞭然だ。

周辺のゆっくりと動いている価格帯、つまり横ばいの価格帯が小さな価値領域だ。テールは買い手や売り手が市場に参入した足跡を示している。次に、同じチャートである**図45**を見てみよう。今度はテールだけ丸で囲んでいる。

図45のチャートを見れば、価格が将来的にどこで止まって反転するかは簡単に想像がつく。供給と需要ゾーンはコントロールプライスと同じ速さで動いている。テールからコントロールプライスに並行に線

図44　価値領域内の供給と需要の水準

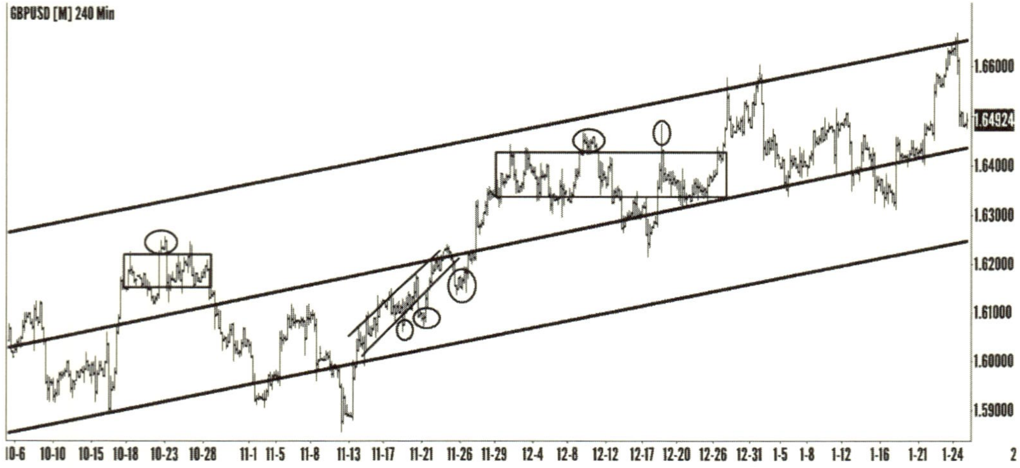

を引くと、あなたがトレードする将来の供給水準と需要水準がはっきり見えてくる。

これらの水準には強い支持線と抵抗線が形成されており、これらの水準は価格が実際にそこに達する前に発見することができる。価格がこれらの水準に達すると、方向転換しているのが分かるはずだ。今あなたがやるべきことは、チャート上のこれらの水準に慣れることである。コントロールプライスを引いたあと、短い時間枠に移って、コントロールプライスの上下にあるテールを見つけよう。テールが大きいほど、その水準における供給や需要が強いことを示している。このテールからコントロールプライスに平行に線を引き、それを右側に延長してみよう。この延長線をたどっていくと将来のプライスアクションが見えてくる。

また、価格帯の下半分の領域には２つのテールがある。これは非常に強力な需要ゾーンであり、買い注文が至るところに発生している。ここで短い時間枠に移行して、価格がこれらの水準の１つをリジェクトするのを待つ。このケースの場合、最初のテールがリジェクトされている。

図46のチャートの価値領域の下半分の需要領域では、コントロールプライスに平行に引かれた延長線上で価格がその都度反応していることに注目しよう。価格が価値領域の下の境界に近づくたびに、買い機会が発生している。価格が価値領域の下の境界に達するたびに短い時間枠に移行して、価格が需要ゾーンをリジェクトしたらトレードを仕掛ける。１つ以上のテールが需要水準を突き抜ければそれがリジェクトである（**図39**の「リジェクト」のところを参照）。

このチャートは上昇トレンドにあるので、長い時間枠で価値領域を分析したあと、トレンドが健全で、前に述べた「ガイドライン」のとおりになっていれば、価値領域の下の超過価格からコントロールプライスの上の領域で買い、価値領域の上の超過価格で売る。買い４と買

図45　供給と需要はコントロールプライスと同じ速さで動いている

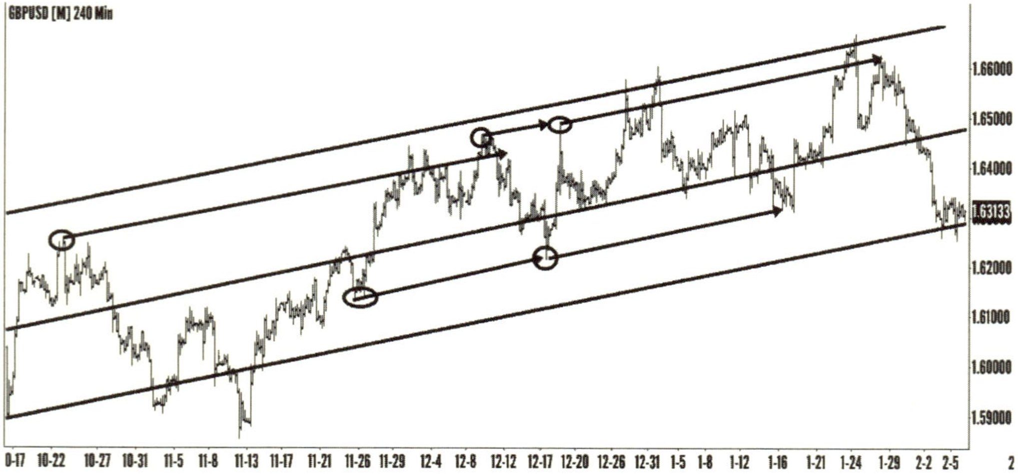

図46　上昇トレンドにおける買いと売り

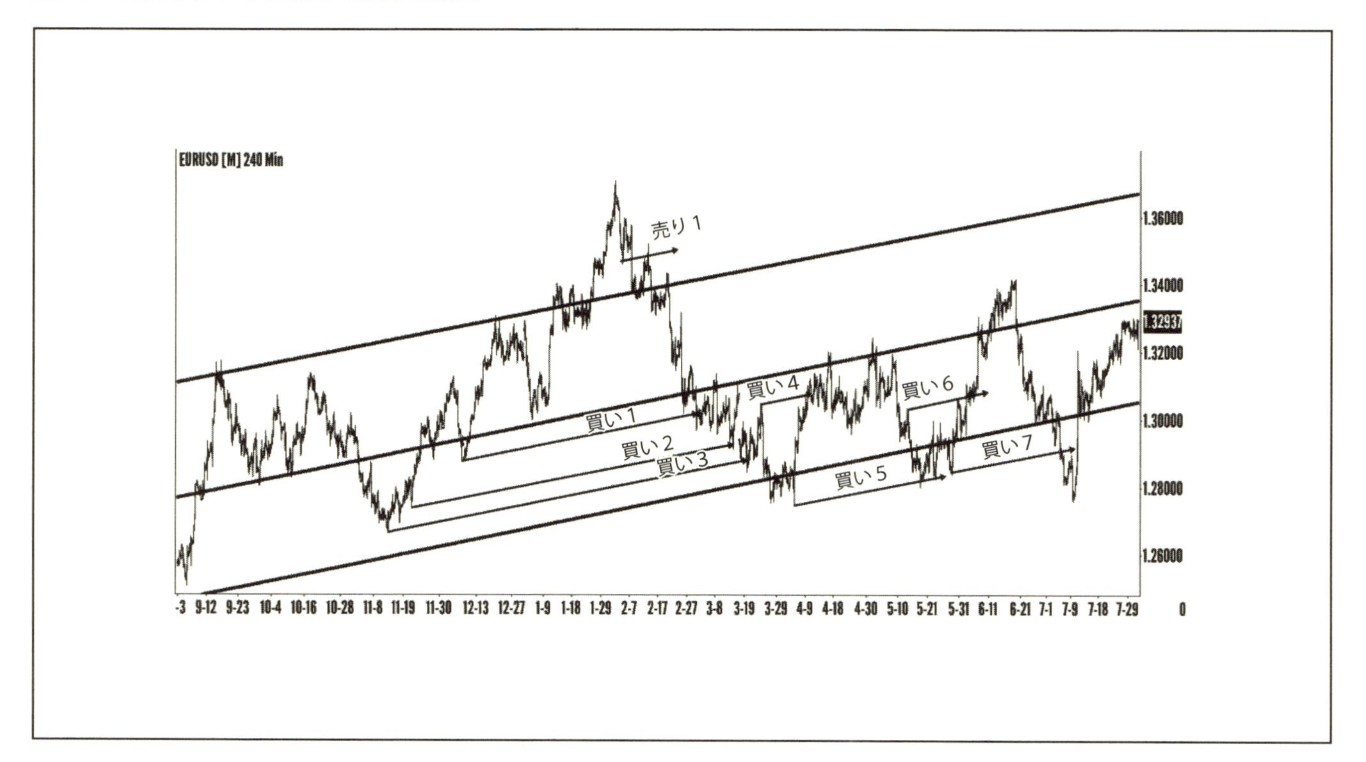

図39　支持線のリジェクトで仕掛ける

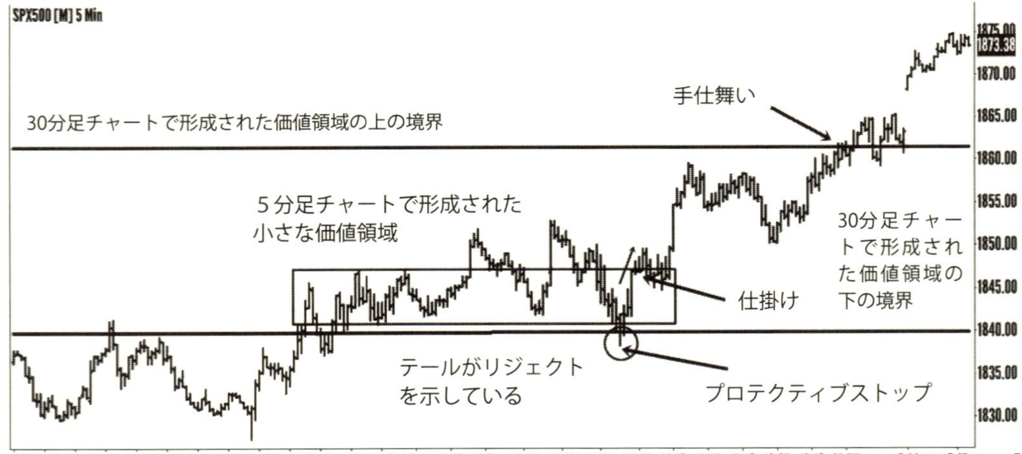

い6では、価格が上昇していることに注目しよう。

これらのテールは最初は抵抗線として機能するが、抵抗線のリジェクトでは売りたくない。なぜなら、価格は上昇トレンドにあるからだ。超過価格の価値領域の上でのみ売る。上昇トレンドの価値領域の下半分の領域では買わなければならない。したがって、この水準周りの価格の動きに注意する。もし価格がそこから上昇すれば、これらの価格帯は支持線になる。ここで短い時間枠に移行して、支持線がリジェクトされるかどうかをチェックする。もしリジェクトされたら、「リジェクト」のところで説明（**図39**）したように買い注文を入れる。買い注文と売り注文の利食い水準は当然ながらコントロールプライスの位置になる。

買い3で買い注文を入れたあと、価格はコントロールプライスまで上昇しておらず、利食い水準には達していない。もちろんあなたはどのトレードも最初から最後までしっかり管理し、プロテクティブストップ（損切り注文）を最初の位置に置きっぱなしにするようなことはしないはずだ。トレードが利食い水準に達したら、プロテクティブストップを動かさなければならないが、あくまで価格が達する確率が低い論理的水準の下に動かす。その水準は、仕掛け値と利食い水準の間に位置し、短い時間枠で見れば、テールを形成する場所である。

上昇トレンドで価値領域の下の超過価格、または価値領域の下半分の領域で買ったときは、利食いは必ずコントロールプライスに置く。コントロールプライスのすぐ上で買う機会があったときは、利食いは価値領域の上の境界に置く。プロテクティブストップは、トレードを仕掛けた短い時間枠でのリジェクトされた小さな価値領域のテールの下に置く。コントロールプライスのすぐ下で買わないかぎり、リスクは必ずリワードよりも小さくなる。リスクが潜在的なリワードよりも大きくなるような場合はトレードを仕掛けてはならない。このタイプのトレードは、潜在的なリワードはとろうとしているリスクの少なくとも２倍になることが多い。

図47のチャートの売り１と売り２の間には売り機会があるが、たとえすべての条件が整い、短い時間枠でリジェクトが確認されても、売るべきではない。このような場合、プロテクティブストップはリジェクトされたテールの上に置かなければならなくなる。リスクとリワードの大きさがほぼ同じになることは、短い時間枠を見るまでもなく、このチャートを見れば一目瞭然だ。したがって、売り１と売り２の間では売ってはならない。売り２では価値領域の上の超過価格に売り機会がある。どのトレードにも言えることだが、このような場合は短い時間枠に移行して、リジェクトを待ち、小さなリジェクトが発生する価値領域の下の境界を再び試したら仕掛け、プロテクティブストップはチャートに見られる大きなテールの上に置く。そしてコントロールプライスで利食いする。価値領域の上で売れば、リスク・リワード・レシオは最大になる。

買い１と買い２は、下降トレンドにおける価値領域の下の超過価格だ。これもまた小さなリスクで大きなリワードを与えてくれるトレード機会だ。すでに下降トレンドにあり、価格は価値領域の下にあるので、価格がこれ以上下落する可能性は低い。健全なトレンドでは、価格がこれ以上垂直に下落することはあり得ない。利食いはコントロールプライスの位置に置き、プロテクティブストップはリジェクトを示した小さな時間枠のテールの下に移動させていく。

図48のチャートを見ると分かるように、④のスイングのあと、水平の価値領域を特定することができる。②と③の間に超過価格があり、コントロールプライスは価値領域のほぼ中心にある。次にセットアップだが、価値領域の上半分か、価値領域の上で売り、価値領域の下半分か、価値領域の下で買う。トレードを仕掛けるのは、短い時間枠でリジェクトが確認されたあとで、リスクがリワードよりも小さいときに限る。

図47　下降トレンドでの買いと売り

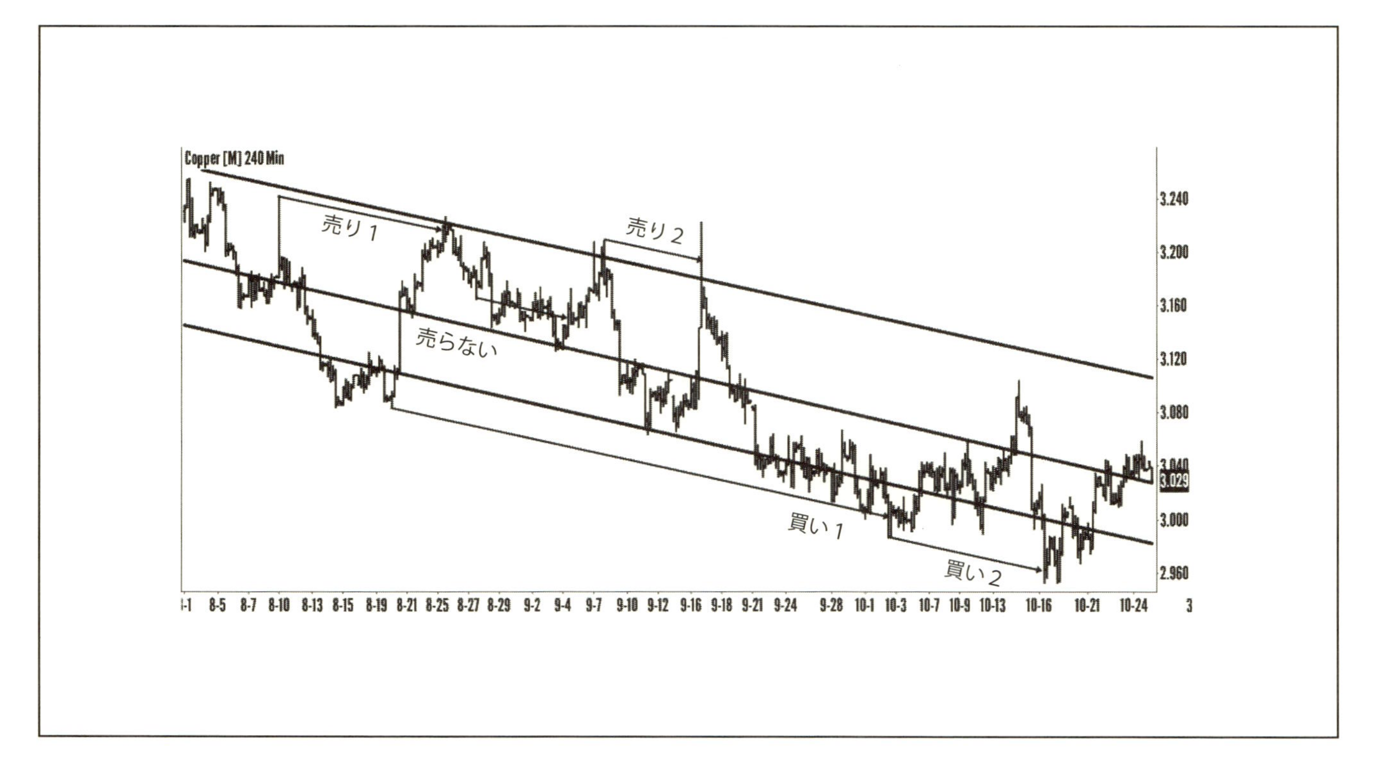

図48　水平の価値領域における買いと売り

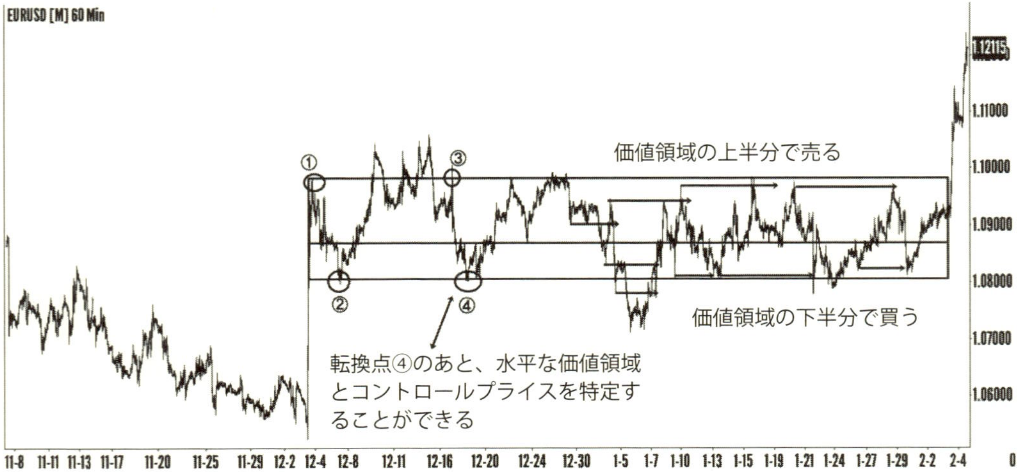

このチャートはEUR/USDの最近のプライスアクションを示したものだ。私自身これらのトレードのほとんどを仕掛けた。トレードを仕掛ける前にもう一度強調しておきたいことがある。少なくともこのタイプのトレードに慣れるまでは、以前紹介したガイドラインを目の前に置いてトレードすることをぜひともお勧めする。

結びの言葉

本書は時間をかけてじっくり読み、必要なら何度も読み返すことをお勧めする。本書の内容を十分に理解する前にトレードに走ってはならない。各章を読んだら練習をして、再び読んでは練習することが重要だ。トレードの初心者にとって最初は混乱することが多いかもしれないが、あきらめてはならない。混乱してきたら少し休んで、再び読み返してみよう。練習は必ずやること。また本書で紹介した概念やアイデアは徹底的に分析してみること。私の言葉を鵜呑みにしないでほしい。チャートを徹底的に研究することで、もしかしたらあなたのほうが私よりももっと効率的な結論に達することができるかもしれない。

あなたがトレードに使おうと思っている時間枠にもよるが、トレードする市場にかかわらず、あなたのチャートでここで紹介したセットアップの多くを目にするだろう。どのトレード手法でも同じだが、トレードに用いる時間枠が長いほど、良い結果が得られるものだ。時間枠が長いほどノイズは少なく、ファンダメンタルなニュースによって発生する不安的な動きにさらされる可能性も低くなる。この２年間、私は本書で示した方法を使ってトレードしてきたが、素晴らしい成果を上げることができた。もちろん損をすることもあるが、それはほとんどの場合、ニュースが生むボラティリティによるもので、価格がスパイク状に動いた結果生じるものである。

これらのスパイクはあなたのプロテクティブストップに達したあと

反転し、利食い水準であったところに達することが多い。これは非常にイラ立つものだ。こうした事態をできるだけ防ぐためには、プロテクティブストップは論理的な位置よりも少しだけ高い位置か低い位置、つまりテールのすぐ下かすぐ上に置くようにするとよいだろう。短い時間枠でトレードする場合は特にそうである。本書の内容を時間をかけてじっくり学習することで、自分の努力をたたえる日が必ずやって来るはずだ。

最後にもう一度言っておくが、英語は私の母国語ではない。したがって、本書を読んでいて不明な点があったら、遠慮なく私に連絡してもらいたい（eメールは「laurentiudamir@gmail.com」）。私の英語力ではなくて、本書の内容に関して質問があるときもぜひ私に連絡してもらいたい。できるだけ早く返答したいと思っている。残念ながら、本書を補足するような商品は売っていない。私は一介のトレーダーにすぎないため、魔法の公式やインディケーターを売るウェブサイトも持っていない。将来的にも、そんなことをするつもりは毛頭ない。

差し支えなければ本書の感想を書いて送っていただければ幸いだ。本書を読んでくださって本当にありがとう。本書はあなたのトレードに付加価値を与えてくれること請け合いだ。

著作権

免責条項

本書に含まれる情報は教育目的のためのみに使用されるものである。本書では正確で最新の信頼のおける完全情報を提供するように心がけたが、正確性は保証されているわけではない。いかなる状況においても、読者が本書の情報を使うことで発生する直接的または間接的損失に対して、著者は一切責任を負うことはないことを読者は同意するものとする。本書の情報には、間違い、欠落、不正確が含まれるが、それに限定されることはない。

■著者紹介

Laurentiu Damir（ロレンツィオ・ダミール）

生計のためにトレードを始めて数年がたつ専業トレーダー。約10年前にトレードに目覚め、今では完全にとりこになっている。自分自身は「プライスアクション・スイングトレーダー」だと自認している。2012年、FX市場のトレード戦略に関するeブックの刊行を思い立ち、それ以降、8冊出版。

■監修者紹介

長尾慎太郎（ながお・しんたろう）

東京大学工学部原子力工学科卒。北陸先端科学技術大学院大学・修士（知識科学）。日米の銀行、投資顧問会社、ヘッジファンドなどを経て、現在は大手運用会社勤務。訳書に『魔術師リンダ・ラリーの短期売買入門』『新マーケットの魔術師』など（いずれもパンローリング、共訳）、監修に『高勝率トレード学のススメ』『ラリー・ウィリアムズの短期売買法【第２版】』『コナーズの短期売買戦略』『続マーケットの魔術師』『続高勝率トレード学のススメ』『ウォール街のモメンタムウォーカー』『投資哲学を作り上げる　保守的な投資家ほどよく眠る』『システマティックトレード』『株式投資で普通でない利益を得る』『成長株投資の神』『ブラックスワン回避法』『市場ベースの経営』『金融版 悪魔の辞典』『世界一簡単なアルゴリズムトレードの構築方法』『新装版 私は株で200万ドル儲けた』『リバモアの株式投資術』『ハーバード流ケースメソッドで学ぶバリュー投資』『システムトレード 検証と実践』『バフェットの重要投資案件20 1957-2014』『堕天使バンカー』『ゾーン【最終章】』『ウォール街のモメンタムウォーカー【個別銘柄編】』『マーケットのテクニカル分析』『ブラックエッジ』『逆張り投資家サム・ゼル』『マーケットのテクニカル分析 練習帳』など、多数。

■訳者紹介

山下恵美子（やました・えみこ）

電気通信大学・電子工学科卒。エレクトロニクス専門商社で社内翻訳スタッフとして勤務したあと、現在はフリーランスで特許翻訳、ノンフィクションを中心に翻訳活動を展開中。主な訳書に『EXCELとVBAで学ぶ先端ファイナンスの世界』『リスクバジェッティングのためのVaR』『ロケット工学投資法』『投資家のためのマネーマネジメント』『高勝率トレード学のススメ』『勝利の売買システム』『フルタイムトレーダー完全マニュアル』『新版　魔術師たちの心理学』『資産価値測定総論１、２、３』『テイラーの場帳トレーダー入門』『ラルフ・ビンスの資金管理大全』『テクニカル分析の迷信』『タープ博士のトレード学校　ポジションサイジング入門』『アルゴリズムトレーディング入門』『クオンツトレーディング入門』『スイングトレード大学』『コナーズの短期売買実践』『ワン・グッド・トレード』『FXメタトレーダー4 MQLプログラミング』『ラリー・ウィリアムズの短期売買法【第２版】』『損切りか保有かを決める最大逆行幅入門』『株式超短期売買法』『プライスアクションとローソク足の法則』『トレードシステムはどう作ればよいのか　１　２』『トレードコーチとメンタルクリニック』『トレードシステムの法則』『トレンドフォロー白書』『スーパーストック発掘法』『出来高・価格分析の完全ガイド』『アメリカ市場創世記』『ウォール街のモメンタムウォーカー』『グレアム・バフェット流投資のスクリーニングモデル』『Rとトレード』『ザ・シンプルストラテジー』『システマティックトレード』『市場ベースの経営』『世界一簡単なアルゴリズムトレードの構築方法』『システムトレード 検証と実践』『アルゴリズムトレードの道具箱』『ウォール街のモメンタムウォーカー【個別銘柄編】』（以上、パンローリング）、『FORBEGINNERSシリーズ90　数学』（現代書館）、『ゲーム開発のための数学・物理学入門』（ソフトバンク・パブリッシング）がある。

2018年5月3日　初版第1刷発行
2020年6月1日　　　第2刷発行

ウィザードブックシリーズ㉖②

プライスアクション短期売買法
――価値領域、コントロールプライス、超過価格を見極めろ！

著　者　ロレンツィオ・ダミール
監修者　長尾慎太郎
訳　者　山下恵美子
発行者　後藤康徳
発行所　パンローリング株式会社
　　　　〒160-0023　東京都新宿区西新宿7-9-18　6階
　　　　TEL 03-5386-7391　FAX 03-5386-7393
　　　　http://www.panrolling.com/
　　　　E-mail　info@panrolling.com
編　集　エフ・ジー・アイ（Factory of Gnomic Three Monkeys Investment）合資会社
装　丁　パンローリング装丁室
組　版　パンローリング制作室
印刷·製本　株式会社シナノ

ISBN978-4-7759-7231-1

ウィザードブックシリーズ 206

プライスアクショントレード入門

足1本ごとのテクニカル分析とチャートの読み方

アル・ブルックス【著】

定価 本体5,800円+税　ISBN:9784775971734

すべての指標を捨て、価格変動と足の動きだけに注視せよ！ 最高のリスク・リワード・レシオをたたき出すプライスアクショントレーダー

複雑な戦略やシステムを使ってうまくいくトレーダーもいるかもしれないが、トレードで成功するために唯一必要なのは実はプライスアクションを理解することなのである。プライスアクション分析は、今日のマーケットでトレードするための有効な手法で、株にも先物にもオプションにも使うことができる。これを使えば、複雑に組み合わされたトレードテクニックに困惑することなく、トレードそのものに集中することができる。一見、初歩的に見えるかもしれないが、これは最小限のリスクでリターンを大幅に増やすことができる手法なのである。

トレードは簡単ではないが、価格チャートの読み方を学び、信頼できるパターンを見つけ、自分に合ったマーケットと時間枠が分かれば利益を上げることができる。プライスアクショントレードには複雑なソフトウェアやたくさんの指標は必要ないが、この簡単な方法がほぼすべてのマーケットで利益を上げる可能性を高めてくれる。本書を読んで、その方法をぜひ会得してほしい。

本書で詳しく紹介する内容とは、以下のようなものである。

- トレンドラインとトレンドチャネルライン
- 前の高値や前の安値
- ブレイクアウトとブレイクアウトがダマシになったとき
- ローソク足の実体やヒゲの長短
- 現在の足とそれまでの足の関係

あなたのトレードを「次の段階」に引き上げるのは新しいテクニックや高度な理論を学ぶことでなく、単純さにあることをブルックスは本書で証明している。マーケットがリアルタイムで語っていることを理解するのは難しいことかもしれないが、正しい方法を用いれば、それを理解して安定的に利益を上げることができるようになるだろう。本書にはそのために必要な情報がすべて入っており、明日の荒れたマーケットでも効率的なトレードができるようになるだろう。

ウィザードブックシリーズ202

株式超短期売買法
ミクロトレンドを使ったスキャルピング法

トーマス・K・カー【著】

定価 本体3,800円+税　ISBN:9784775971697

デイトレーダー絶滅後のスキャルピング売買法

ウォール街で「ドクター・ストック」と呼ばれる男が書いたこの実用的なトレードのマニュアルは、ボラティリティのパワーを利用して毎日、確実に少しずつの利益を稼ぎだすための方法を示したものだ。ミクロトレンドトレードは通常のファンダメンタル分析やテクニカル分析の枠を超えて、毎日の寄り付きから大引けの間に発生する「ミクロなトレンド」を見つけ、それを売買に利用するというものだ。

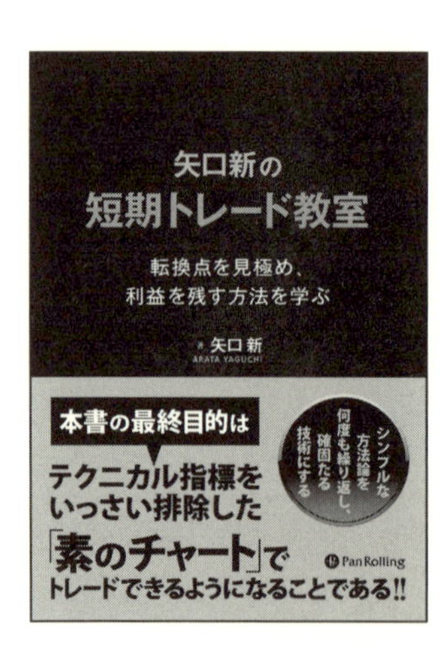

矢口新の短期トレード教室
転換点を見極め、利益を残す方法を学ぶ

矢口新【著】

定価 本体1,800円+税　ISBN:9784775991541

本書の最終目的は、テクニカル指標はいっさい排除した、「素のチャート」で転換点を見極め、トレードしていくことである!

本書で知ったことを、「学んだ」だけで終わりにしないでください。実践してみてください。何度も何度も、繰り返して練習することでのみ、技術は上達します。自動車の教習所と同じで、知っただけでは運転はできません。車を実際に動かすという経験が絶対に必要になります。もちろん、最初は小額で構いません。トライ&エラーを繰り返しながら実戦経験を積んでいけば、そのうち「投資は怖い」「投資は難しい」という気持ちも薄らいできます。「怖い」と思ったり、「難しい」と思ったりするのは、実戦経験が圧倒的に足りていないからです。そこを忘れないでください。本書を読んだ皆さんに、素敵な投資ライフが訪れることを祈ります。

ウィザードブックシリーズ 200

FXスキャルピング

ティックチャートを駆使した
プライスアクショントレード入門

ボブ・ボルマン【著】

定価 本体3,800円+税　ISBN:9784775971673

無限の可能性に満ちたティックチャートの世界！ FXの神髄であるスキャルパー入門！

日中のトレード戦略を詳細につづった本書は、多くの70ティックチャートとともに読者を魅力あふれるスキャルピングの世界に導いてくれる。そして、あらゆる手法を駆使して、世界最大の戦場であるFX市場で戦っていくために必要な洞察をスキャルパーたちに与えてくれる。

ウィザードブックシリーズ 228

FX 5分足スキャルピング

プライスアクションの基本と原則

ボブ・ボルマン【著】

定価 本体5,800円+税　ISBN:9784775971956

132日間連続で1日を3分割した5分足チャート【詳細解説付き】

本書は、トレーダーを目指す人だけでなく、「裸のチャート（値動きのみのチャート）のトレード」をよりよく理解したいプロのトレーダーにもぜひ読んでほしい。ボルマンは、何百ものチャートを詳しく解説するなかで、マーケットの動きの大部分は、ほんのいくつかのプライスアクションの原則で説明でき、その本質をトレードに生かすために必要なのは熟練ではなく、常識だと身をもって証明している。
トレードでの実践に必要な細部まで広く鋭く目配りしつつも非常に分かりやすく書かれており、すべてのページに質の高い情報があふれている。FXはもちろん、株価指数や株や商品など、真剣にトレードを学びたいトレーダーにとっては、いつでもすぐに見えるところに常備しておきたい最高の書だろう。